# 新时代孔繁森精神研究

吴文立 主编

山东城市出版传媒集团·济南出版社

**图书在版编目（CIP）数据**

新时代孔繁森精神研究 / 吴文立主编. —济南：
济南出版社，2022.12

ISBN 978-7-5488-5463-0

Ⅰ.①新… Ⅱ.①吴… Ⅲ.①孔繁森（1944—1994）
—人物研究—文集 Ⅳ.①D263-53

中国版本图书馆 CIP 数据核字（2022）第 235007 号

**新时代孔繁森精神研究**

吴文立 主编

**出版人** 田俊林
**责任编辑** 丁洪玉 陈玉凤
**装帧设计** 张 倩
**出版发行** 济南出版社
**地 址** 济南市二环南路 1 号
**印 刷** 天津雅泽印刷有限公司
**版 次** 2022 年 12 月第 1 版
**印 次** 2024 年 1 月第 2 次印刷
**开 本** 170mm×240mm 16 开
**印 张** 12.25
**字 数** 185 千字
**定 价** 58.00 元

## 《新时代孔繁森精神研究》编委会

# 孔繁森：一腔热血洒高原

（代序言）

孔繁森被追授为“模范共产党员”“优秀领导干部”称号。2009年当选“100位新中国成立以来感动中国人物”。荣获“改革先锋”“最美奋斗者”“全国民族团结进步模范”等称号。山东聊城孔繁森同志纪念馆广场上，有一条名为“生命标尺”的铜板路，铜板路尽头是一座红色雕塑，名为“人字丰碑”，寓意为“红色丰碑、大写的人”。

孔繁森，1944年出生于聊城五里墩村。在党的培养教育下，他参军、入党，后来转业到地方工作。1979年，国家要抽调一批干部到西藏工作，时任聊城地委宣传部副部长的孔繁森欣然赴藏，任日喀则地区岗巴县委副书记。在岗巴工作3年，孔繁森跑遍了全县的乡村、牧区。

1988年，孔繁森第二次进藏，担任拉萨市副市长，分管文教、卫生和民政工作。到任仅4个月，就跑遍了全市8个县区所有的公办学校和一半以上的村办小学。在他任职期间，拉萨市的教育事业有了长足进步，办学条件明显改善，适龄儿童入学率明显提高。

1992年底，孔繁森第二次援藏工作期满，西藏自治区党委决定任命他为阿里地委书记。为了寻找阿里的发展优势，他跑了全地区106个乡中的98个，与藏族群众结下了深厚友谊。

冰山愈冷情愈热，耿耿忠心照雪山。孔繁森把自己一颗火热的心献给了雪域高原。他用胸口为聋哑老人暖脚，用自己不高的收入养育孤儿……他说，西藏的老人就是我的老人，西藏的孩子就是我的孩子。

1994年11月29日，孔繁森带队赶赴新疆塔城考察边贸工作。完成任务返回阿里途中，不幸发生车祸，以身殉职，时年 50 岁。

人们在料理孔繁森的后事时，看到两件遗物：8 元 6 角钱，以及他去世前写的关于发展阿里经济的 12 条建议。这就是孔繁森留下的遗产，体现出一名共产党员的高尚情怀。一副挽联道出了藏族群众对他的怀念："一尘不染，两袖清风，视名利安危淡似狮泉河水；两离桑梓，独恋雪域，置民族团结重如冈底斯山。"

1995 年，孔繁森被追授为"模范共产党员""优秀领导干部"称号。2009 年当选"100 位新中国成立以来感动中国人物"。荣获"改革先锋""最美奋斗者""全国民族团结进步模范"等称号。

（原载《人民日报》2021 年 6 月 9 日 7 版"奋斗百年路　启航新征程·数风流人物"专栏，记者：李蕊）

# 持续唱响“繁森之歌”

（代前言）

“老百姓在传颂你啊，孔繁森，你有一颗善良的爱民心，微笑融冰雪呀，送炭进柴门，情同亲骨肉，爱比海洋深……”

10月16日至27日，“新时代孔繁森精神”专题研讨班在聊城市孔繁森精神教学基地举办，这首《公仆赞》一次次在课堂上唱响。

培训中，围绕伟大建党精神和共产党人的精神谱系、新时代民族问题的重要论述等专题定制“课程清单”，同时，开展沉浸式“境心”教学，组织学员赴孔繁森同志纪念馆、孔繁森纪念园、孔繁森同志故居、孔繁森同志在莘县事迹陈列展等现场学习孔繁森同志的境界感。

培训期间，学员们追寻红色足迹，参观金方昌烈士故居、马本斋烈士陵园，瞻仰英雄事迹，深切缅怀英烈，铭记民族苦难历史；观摩杜立芝党代表工作室、东昌府区检察院“白云热线”及茌平区贾寨镇耿店村，探索新时代孔繁森精神的实践路径。

孔繁森是从聊城走出去的英模，在如今的聊城市社科界，“学习、弘扬、践行、研究”已成为传承弘扬孔繁森精神的“八字真经”。

2019年11月28日，在孔繁森同志殉职25周年纪念日之际，市社科联联合市委组织部、市委宣传部、聊城职业技术学院等单位举办孔繁森精神研讨会，来自浙江理工大学、国防科技大学、山东社会科学院以及聊城大学、市委党校等单位的专家学者出席了研讨会，将孔繁森精神研究推向一个新高度；2020年10月，以“孔繁森精神与全面建成小康社会”为主题，召开新时代孔繁森精神学术研讨，全国社科名家包心鉴以《论孔繁森精神的新时代价值》

为题做主题报告，这次研讨共评选优秀论文32篇。

2020年以来，市社科规划研究课题中增设了“新时代孔繁森精神研究”专项，组织开展“论孔繁森精神的新时代价值”“孔繁森精神与聊城市文化软实力提升路径研究”等课题研究。2021年，在省社科联的大力支持下，首次在山东省人文社会科学课题中面向全省设立了“新时代孔繁森精神研究”专项，立项课题14项。2022年，“新时代孔繁森精神研究”专项立项课题22项。同时，组织重大课题和重大项目研究，2021年将“孔繁森的境界感研究”“人民眼中的孔繁森——口述孔繁森资料研究”等分别立项为聊城市社科规划重大课题和重大项目，目前“孔繁森的境界感研究”已顺利结项。

在市社科联的组织推动下，聊城市先后组建了聊城大学孔繁森精神与西部援建研究中心、聊城职业技术学院孔繁森精神与红色文化研究院、聊城市技师学院孔繁森精神研究中心、聊城市社科联孔繁森精神研究中心等4家孔繁森精神研究机构，为进一步研究孔繁森精神提供了智力支持和人才支撑。如今，这些机构正携手并肩，潜心社科研究，汇聚起磅礴的力量，共同持续唱响“繁森之歌”。

聊城市技师学院是孔繁森同志的母校，学院编纂了《孔繁森故事选》校本教材，通过“读繁森”，让学生感悟孔繁森精神实质；组织学生观看电影《孔繁森》和电视短片《清贫的力量》，以“看繁森”启润师生心智成长；举办孔繁森故事演讲比赛，通过“讲繁森”陶冶学生道德情操；传唱歌曲《公仆赞》，通过“唱繁森”颂扬大爱精神。学院还组建了孔繁森精神宣传队，深入社区、企事业单位开展宣讲，将孔繁森无私奉献、大爱无疆的精神播撒在每个人的心田，引导大家用实际行动践行社会主义核心价值观。

如今，孔繁森精神在聊城大地更加枝繁叶茂、郁郁葱葱。

（《持续唱响“繁森之歌”》入选2022年聊城“最美社科故事”。本文原载《聊城日报》2022年10月31日第二版，由记者朱海波采访撰写）

# Contents 目 录

## 内涵篇



## 哲学篇

# 成长篇



# 应用篇

# 内涵篇

# 论孔繁森精神的新时代价值

包心鉴

在“两个一百年”历史交汇点上，在我国即将进入高质量发展新阶段，深入探讨孔繁森精神的丰富内涵，重新认识孔繁森精神的时代价值，无疑具有十分重大的意义。

孔繁森同志是从聊城这块丰硕大地上走出来的时代英雄，孔繁森精神是在聊城这块文化厚土上成长起来的时代精神。20 世纪 90 年代，山东省孔繁森精神研究会成立，先后在聊城、济南召开过三次孔繁森精神研讨会，对孔繁森精神进行了深入探索和梳理，取得了丰硕的理论成果，我至今记忆犹新。孔繁森精神鼓舞了一代人、两代人，我对孔繁森精神非常崇敬。

孔繁森精神既是历史的，又是时代的，在新时代背景下，仍然具有强烈的现实价值。

## 一、孔繁森精神在新时代是否还有现实价值

这个问题的答案，当然是肯定的。孔繁森同志虽然已经离开我们 26 年了，但党和国家没有忘记他，人民没有忘记他，历史铭记着他的丰功伟绩和伟大精神。在庆祝改革开放 40 周年时，党和国家授予他“改革先锋”的光荣称号；在庆祝中华人民共和国成立 70 周年时，党和国家授予他“最美奋斗者”的光荣称号。这就足以说明，孔繁森精神在新时代仍然具有强烈的现实价值和深远的时代意义。今天，我们需要进一步探讨，孔繁森精神在新时代

为什么还具有强烈的现实价值。

第一，新时代仍然需要孔繁森精神。

习近平总书记多次引用郁达夫评价鲁迅先生的话：“一个没有英雄的民族是不幸的，一个有英雄却不知敬重爱惜的民族是不可救药的，一个有了伟大的人物而不知拥护、爱戴、崇仰的国家，是没有希望的奴隶之邦。”中华民族历来是产生英雄、爱戴英雄、崇仰英雄的民族，中国特色社会主义新时代是英雄辈出的时代，是需要弘扬在不同时代条件下产生的英雄模范精神的时代。

习近平总书记十分重视对英雄模范人物个体精神和群体精神进行总结和弘扬。他在浙江工作期间，就总结凝练了红船精神，成为我们党不忘初心、牢记使命的重要精神标识。党的十九大以来，习近平总书记立足新时代的制高点，对中华民族所锻造的新的精神形态进行了一系列新的提炼和阐发。对于孔繁森精神，习近平同志在不同时期也曾经做过不同角度的提炼和阐发。

2002 年 12 月 31 日，习近平同志在浙江省组织工作会议上讲话指出：“孔繁森精神，首先体现的就是‘老西藏精神’。”“组织上要明察秋毫，让默默无闻、埋头苦干、不求功名、不事张扬的人能够被发现、被承认。”这里，习近平同志主要从如何识别干部、如何用好干部的角度，深刻指明了孔繁森精神的现实价值。

2003 年 7 月 17 日，习近平同志在《树立五种崇高情感》这篇文章中讲道：“学习和树立五种崇高的情感。一要学习邓小平同志的情怀感。他说：‘我是中国人民的儿子，我深情地爱着我的祖国和人民。’二要学习雷锋同志的幸福感。他虽然只活了 22 年，但他说：‘什么是幸福？为人民服务是最大的幸福。’三要学习孔繁森同志的境界感。他有一句名言：‘爱的最高境界就是爱人民。’四要学习郑培民同志的责任感。他始终把‘做官先做人，万事民为先’作为自己的行为准则。五要学习钱学森同志的光荣感。他把群众的口碑当作自己无上的光荣。只有学习和树立这五种崇高的情感，才能心里装着群众，凡事想着群众，工作依靠群众，一切为了群众，切实解决好‘相信谁、依靠谁、为了谁’的根本政治问题，努力为人民掌好权、用好权。”这段话，紧紧抓住了孔繁森精神的本质，即热爱人民、甘当公仆，为我们今天深刻认识孔繁森精神的新时代价值提供了重要的思想指引。

2004年11月15日，习近平同志在《执政意识和执政素质至关重要》一文中讲道：“像领导干部的好榜样焦裕禄、孔繁森、郑培民等英模人物那样，做一个亲民爱民的公仆，做一个忠诚正直的党员，做一个靠得住、有本事、过得硬、不变质的领导干部。”这里，习近平同志主要从领导干部应当具有的思想素质和能力素质的角度总结提炼了孔繁森精神。

2010年9月1日，习近平同志在中央党校开学典礼上讲话时要求：“要像孔繁森、郑培民、牛玉儒、王瑛、沈浩等众多优秀干部，站在党和人民的立场上，焕发出积极进取、顽强拼搏的奋斗精神，为党和人民事业无私贡献了自己的一切。他们牢固树立和忠诚实践正确的世界观权力观事业观，言行一致地回答了什么是共产党员人生最高追求和最大价值这个根本问题。”这里，习近平同志已经回答了如何认识孔繁森精神的本质特征和时代价值的问题：孔繁森精神的本质，就是正确对待和使用人民给予的权力。新时代之所以需要孔繁森精神，就是因为在领导干部如何树立正确的世界观和权力观上，孔繁森精神彰显着深刻的时代价值，时代需要这样一种精神境界。

2018年6月14日，习近平总书记在山东考察时指出：“在党的教育培养下，山东涌现出一大批英雄模范人物和党的好干部，焦裕禄、孔繁森就是其中的杰出代表。中国千百年来都把修身做人、立身处世看得非常重要。山东要用这些重要历史文化和革命文化资源来加强干部队伍建设，努力培养更多的好干部。”这段话是在山东讲的，是对山东如何传承和弘扬英雄模范精神的明确要求，对于我们深刻认识孔繁森精神的新时代价值，具有特殊的指导意义。中国优秀政治文化“修齐治平”的价值观，在孔繁森同志身上得到了完美体现。这也是我们深刻认识和探讨孔繁森精神新时代价值的一个重要维度。

习近平总书记对孔繁森精神五次不同角度的肯定和褒扬，昭示了一个真理：任何一个时代都需要英雄模范人物，任何一个时代都需要把英雄模范精神作为时代的精神支柱；中国特色社会主义进入新时代，新时代更需要引人向上、催人奋进的时代精神。

第二，孔繁森精神与新时代要求相契合。

我们说孔繁森精神具有新时代价值，绝不是牵强附会的，而是因为孔繁森精神与新时代要求非常契合。作为改革开放新时期领导干部的楷模，孔繁森精神与新时代新使命具有更加紧密的契合性。这种契合性，可以从两个方面来理解，用两句话来表达。

一方面，新时代对各级领导干部的本质要求是，领导干部需要具有什么样的人生态度和价值情怀。

习近平同志多次讲过，理想信念是领导干部健康成长的前进方向，是成就伟业的精神支柱，一个人如果没有理想信念，就是“缺钙”，就会患“软骨病”。领导干部的理想信念不是空的、虚的，而是体现在具体的世界观、人生观、价值观、权力观上。这“四观”集中到一点，就是领导干部应该具有什么样的人生追求和价值情怀。孔繁森精神的本质，用一句话来概括就是，适应时代要求，实现人生追求和价值情怀的完美升华。

孔繁森同志是一个严格要求自己的真正共产党员，是一个克己奉公的领导干部楷模。他的精神境界很高，最本质的方面就是紧跟时代步伐，服从党和国家需要，实现自我价值升华。新时代更需要各级领导干部有这样的人生态度和价值追求。正是在这个本质方面，我们说孔繁森精神具有深刻的时代性，是一个完美的时代典型。

另一方面，孔繁森精神契合了时代之需、回答了时代之问，他是出色的时代答卷人。

习近平总书记指出，新时代新使命对每个领导干部都是一场严峻的“大考”，时代是出卷人，我们是答卷人，人民是阅卷人。我想，孔繁森同志如果能活到今天，那他就是一个在新时代考试中优秀的答卷人，人民会给他打满分。这就是孔繁森精神的时代价值所在。正是在这一点上，我们可以更好地挖掘和弘扬孔繁森精神的新时代价值。孔繁森同志的人生态度是什么？他是怎样在艰苦环境磨砺中实现自我价值升华的？孔繁森同志的人生经历和优秀品质对今天领导干部的培养和成长有什么深刻启示？在这几个方面，孔繁森精神都给我们提供了广阔的研究空间。对于孔繁森精神，虽然过去我们已经做了很多研究与宣传，但从其时代本质层面上说，研究得还很不够，还需要进一步从最本质层面加以挖掘、梳理和宣传。

第三，从孔繁森精神形成和完善的轨迹来看，它具有深刻的时代性。

如果我们把孔繁森和焦裕禄做个对比的话，可以发现，两位都是伟大的时代楷模，都是领导干部的优秀榜样，他们有很多相似和共同之处，这是毫无疑问的，但是他们的成长过程也有各自不同的特殊性。

孔繁森精神是在改革开放的大时代背景下形成、完善和升华的，焦裕禄精神则是在 20 世纪 60 年代艰苦创业的社会主义建设过程中形成、完善和升华的。孔繁森精神和焦裕禄精神的共同之处在于，它们都是在改造客观世界的同时注重对主观世界进行自觉改造，都是人生态度和价值追求的自觉升华，但是具体的时代背景显然又有区别。孔繁森精神是在改革开放新时期形成的。从他 70 年代末进藏，到 1994 年因公殉职，正是我们国家改革开放纵深发展的时期，特别是 1992 年邓小平南方谈话后，孔繁森在阿里担任地委书记。毫无疑问，这个大的时代背景对孔繁森精神的形成有着巨大的激励和促进作用。研究孔繁森精神的时代价值，离不开改革开放这个大时代背景和大时代要求。今天，中国特色社会主义进入新时代，这个新时代，是全面深化改革的新时代，是“船到中流浪更急，人到半山路更陡”的新时代，更需要各级领导干部发扬知难而进、知难而上的革命精神，更需要弘扬为民服务、为民谋利的公仆情怀。这就是改革开放新时期对领导干部的最本质要求，这也是我们深刻认识、深入挖掘孔繁森精神新时代价值的时代背景。

从孔繁森精神形成和完善过程来说，起码有四个要素。这四个要素，需要用新时代的视角来加以认识和梳理。

一是传统文化的熏陶。

孔繁森同志出生在聊城，成长在聊城，又在部队当过兵，显然，他深受中国传统文化尤其是齐鲁文化的熏陶。这一点在他的身上体现得非常明显。

在母亲面前他是一个孝子，在妻子面前他是一个体贴的丈夫，在儿女面前他是一个慈父，在人民面前他是一个把一生都贡献出来的公仆。孔繁森同志拥有的优秀品格，与中华优秀传统文化尤其是齐鲁文化的熏陶是分不开的。聊城是中华传统文化的重要发祥地之一，历史上有很多文化名人是从聊城走出来的，有很多文化名人在聊城工作过，聊城很多名胜古迹浓缩了中华优秀传统文化的精华。深厚的文化底蕴无疑会对孔繁森有重大影响。因此，我们需要从“修齐治平”的传统政治文化精髓、从“天将降大任于斯人也”的传统政治文化品质上来思考、理解、梳理孔繁森精神形成的厚重文化背景。

二是先进文化的培育。

孔繁森同志是在马克思主义教育和党的先进文化培育下成长起来的。他当过兵，从事过党的宣传工作，负责过县、市领导工作，马克思主义显然是他成为时代楷模的一个重要精神来源。这一点值得深入挖掘和总结。我们党领导的革命文化在孔繁森同志身上有具体而深刻的体现，他甘于奉献、勇于吃苦，他克己奉公、一心为民，这些优秀品格显然都在本质上体现了中国共产党所特有的革命文化和先进文化的精髓。

三是艰苦环境的淬炼。

宝剑锋从磨砺出，梅花香自苦寒来。艰苦的环境能磨炼一个人的意志，也可以淬炼一个人的灵魂。当年的聊城还是一个比较贫困的地区，孔繁森同志当过县委副书记、林业局局长，工作岗位都是比较艰苦的，特别是在西藏工作期间，在海拔4500多米的高原上工作，这样的艰苦环境，对人是非常严峻的考验。孔繁森同志不仅在西藏生存了下来，而且为阿里的发展东奔西跑、日夜忙碌。这种行为何等可贵！这种精神何等伟大！他当然是服从党的需要，这是一个共产党员顾全大局的基本品格。艰苦环境给孔繁森同志带来的不仅是苦，而且还苦中有乐，他在艰苦环境中实现了自我价值。艰苦环境对一个有责任、有担当的共产党员来说，既是一种严峻的考验，更是一种自觉的磨炼。这一点，正是新时代新使命对各级领导干部的本质要求。

四是自我修养的升华。

孔繁森精神的形成和完善，归根到底是他严格要求自己、实现自我修养的结果。一个人要成就大业，必须修炼自我。孔子说，“三十而立，四十而不惑，五十而知天命，六十而耳顺，七十而从心所欲不逾矩”，这就到了人生的最高境界，也就是由“必然王国”上升到了“自由王国”。任何一个人的成长都有这样一个过程，你处在“必然王国”时，要受到国家法律的约束、党的纪律的约束，会有很多痛苦和烦恼；当你从“必然王国”上升到“自由王国”时，你就会感到人生的完美、价值的高尚。这也就是马克思讲的人的全面发展。马克思主义最本质的东西是什么？是人的解放和人的自我发展。实现每一个人自由发展成为一切人发展的前提和条件，即“自由人联合体”，这是人的发展的最终目标和最高境界。在马克思主义学说中，始终贯穿着人如何适应发展目标的需要实现自我修养和自我人格的完善。在这方面，孔繁森同志做到了，在艰苦环境中自觉磨砺自己，在党和国家需要中不断修炼自己，实现了自我人格的完善、自我修养的升华，从而成为一个真正的共产党员、一个伟大的时代楷模。

以上四个方面——传统文化的熏陶、先进文化的培育、艰苦环境的淬炼、自我修养的升华，在改革开放这个大时代背景下有机融合，从而铸造了孔繁森同志这样一个时代楷模，锻造了孔繁森精神的时代价值。

## 二、孔繁森精神具有怎样的新时代价值内涵

站在新时代的历史方位上，着眼新征程新使命对领导干部的新要求，可以对孔繁森精神的新时代价值做出四个方面的概括。

第一点，顾全大局、听党指挥的坚强党性。

这是孔繁森精神最闪光的特质，也是和新时代要求最吻合的地方。习近平总书记反复强调，要加强新时期领导干部的政治建设，将政治意识、政治能力建设放在第一位。政治是什么？对各级领导干部来说，政治就是顾全大局、听党指挥，政治就是坚强的党性原则。这一点，在孔繁森同志身上体现

得非常明显。两次援藏，他克服了那么多的困难，只要党需要，他就义无反顾。他有充足的理由不去西藏工作，但他没有这样做，一次又一次在雪域高原留了下来。孔繁森同志曾经讲过：“我对不起我的老母亲，对不起我的妻子，也对不起儿女。”这就是个人利益和党的需要的关系，怎么处理？在党的需要面前，在大局需要面前，他没有任何怨言，服从大局，奔赴西藏、扎根西藏，为西藏发展工作、为西藏人民服务。两次进藏，每次都担当重任，这一经历在领导干部中是少有的，这就是孔繁森同志坚强的党性原则，是孔繁森精神的新时代价值所在。在中国特色社会主义进入新时代的背景下，这种精神尤其需要倍加弘扬。

第二点，热爱人民、服务人民的公仆情怀。

人民立场是中国共产党的根本政治立场。对人民的态度好坏，是检验一个领导干部是好干部还是坏干部的最根本标准，也是决定人们对党的干部是否崇敬的一个最根本原因。孔繁森精神的突出表现就是以满腔热忱和厚重情怀热爱人民、服务人民。他有一句名言“爱的最高境界就是爱人民”，这和习近平总书记讲的“把人民放在心中最高位置”是完全一脉相承的。从“坚持以人民为中心”到“把人民放在心中最高位置”，再到“人民至上、生命至上”，形成了习近平新时代中国特色社会主义思想所特有的根本立场和价值追求。孔繁森精神就是彰显这一根本立场和价值追求的时代典型。

习近平总书记说：“我将无我，不负人民。”“无我”这是爱人民的最高境界，孔繁森同志做到了，并且转化为自觉的行动。他生活拮据，为了收养地震中失去亲人的三个孤儿，自己悄悄到医院卖血。这样一个催人泪下的故事，发生在一个党的高级领导干部身上。这是什么精神？是心中无我、唯有人民的精神，是爱民如山、为民似海的情怀。正是因为有这样一种精神和情怀，藏族同胞才把他看成“活佛”。可以说，孔繁森同志时刻面临着亲人和人民之间的考验。临行西藏前，他跪在老母亲面前，流下了眼泪。因为他感到长期不在亲人身边，对不起母亲，对不起妻子，对孩子也亏欠太多。但是为了党的事业，为了西藏同胞，他又义无反顾，一次次远离亲人，奔赴雪域高原，把全部的爱奉献给西藏人民。人民就需要这样的领导干部，衷心爱戴这样的好官。他在西藏虽然只有短短几年，但是人民永远记住了他。

第三点，甘于吃苦、勇于担当的奉献精神。

新时代对各级领导干部的最突出要求就是要勇于担当、甘于奉献，想干事、能干事、干成事，为官一任，造福一方。孔繁森同志就是这样一个勇于担当的人，是想干事、能干事、干成事的优秀领导干部的代表。他无论是在什么条件下，无论是在哪个岗位上，都兢兢业业地工作，认认真真地做事，从不马虎、从不懈怠，尤其担任阿里地委书记后，在那样艰苦的环境中，他依然为谋求阿里经济社会发展、为谋求阿里人民脱贫致富道路殚精竭虑、奔波劳碌，最后牺牲在工作岗位上。作为领导干部的楷模，甘于吃苦、勇于担当是孔繁森精神的典型意义所在，在今天仍然具有鲜明的现实针对性和强大的心灵震撼力量。在新的历史条件下，一些领导干部以种种“理由”不担当、不作为，做老好人、当糊涂官，尸位素餐，当一天和尚撞一天钟，甚至连钟也敲不响。今天，我们的工作环境比当年孔繁森同志的工作环境要好无数倍，我们的生活待遇也不是当年孔繁森同志所能企及的。对照孔繁森精神，那些受党多年培养却又不想干事、不敢担当，得过且过、混时度日的干部，难道不觉得面红耳赤、无地自容吗?!

第四点，清正廉洁、克己奉公的价值追求。

领导干部既要有完美的人格修炼，又要有崇高的价值追求，这就是：清正廉洁、克己奉公，做老实人、办老实事、说老实话，为人民用好权、掌好权，绝不谋求私利。许多教训表明，一个好干部和一个腐败分子的界限，实际上就是一步之遥。你是为人民掌好权用好权，还是用手中权力来为自己谋取私利？可以说就是一步之遥，甚至可能是一念之差，就把权力用坏了，堕落为腐败分子。孔繁森同志在如何用好手中权力为民服务、为民谋利上，真正做到了慎终如始、始终如一。这就是完美的人格修炼和崇高的价值追求的有机统一。

一切领导干部手中的权力都是人民给予的，必须全心全意用来回报人民、服务人民。一个人不管掌握多大的权力，对个人来说都是身外之物。清正廉洁、两袖清风，这既是中国传统政治文化对为官者的最高评价标准，也是新时代领导干部的最高价值标准。孔繁森同志在这方面堪称时代楷模，孔繁森精神在这方面具有深刻的新时代价值。

孔繁森精神的内涵非常丰富，以上四个方面可以说是最本质的。这四个方面，最大的价值内涵就是适应时代要求。顾全大局、听党指挥的坚强党性，热爱人民、服务人民的公仆情怀，甘于吃苦、勇于担当的奉献精神，清正廉洁、克己奉公的价值追求，都是我们这个时代所必需的，都是推进新时代中国特色社会主义所要弘扬的。孔繁森同志正是用他平凡而伟大的事迹，用他完美的人格和崇高的价值，践行了一个共产党员的初心和使命，彰显了一个优秀领导干部应当具有的品质和担当。

## 三、如何适应新时代要求深入凝练和弘扬孔繁森精神

适应新时代要求，深入凝练和弘扬孔繁森精神，是摆在全国社科界、全省社科界尤其是聊城社科界面前的一个重大的时代课题。聊城市委书记孙爱军同志已经明确提出了这个重大研究任务，我们应当下功夫做好这方面工作。孔繁森这样一个伟大的时代典型就在我们身边，我们有什么理由不深入地研究孔繁森精神、广泛地宣传孔繁森精神呢？在这方面，聊城市已做了不少工作，比如新提拔的干部都要到孔繁森纪念馆去接受教育，这是对的，但是仅此还不够，还需要紧密适应新时代新使命的要求，更深入地研究和弘扬孔繁森精神，使孔繁森精神真正成为聊城市一张亮丽的名片、一座新时代精神的丰碑。

第一，站在新时代新的历史方位上深入研究和弘扬孔繁森精神的时代价值。

今天的研讨会开了一个好头。聊城社科界乃至全省、全国社科界，要从新时代新的历史方位的角度，进一步深入研究和梳理、解释孔繁森精神。研

究的重点非常明确：新时代对领导干部有什么样的价值要求？孔繁森精神具有什么样的时代价值？从这个角度来选题、来破题，既要符合孔繁森精神的历史逻辑，又要彰显孔繁森精神的时代逻辑。这方面亟待深入研究的题目很多。比如，从新时代年轻干部成长的轨迹看孔繁森精神的现实启示，从新时代新担当看孔繁森精神的时代价值，从“人民至上”的根本立场看孔繁森精神的为民情怀，等等。我们可以把题目做小，小中见大，就有特色了。再比如，总书记对领导干部担当精神讲了很多，要根据孔繁森精神进一步揭示：新时代领导干部应该具有什么样的担当精神？用孔繁森精神来说话，用孔繁森同志的事迹来论证。

第二，把孔繁森精神研究活动常态化，建立长效研究机制。

比如说，聊城社会科学学术年会，将来可以形成一个常态化的孔繁森精神研究论坛，每年一个主题进行深入研讨。聊城大学孔繁森精神研究中心可以推出孔繁森精神研究重大课题，在全市、全省招标，从而让孔繁森精神研究课题化、导向化。孔繁森精神在全国很有影响，愿意承担课题参加研究的人还是很多的。还可以设立孔繁森精神研究院，引进高层次人才进行常态化、专题性的研究，并创建《孔繁森精神研究》集刊，打造全国新时代孔繁森精神研究的学术高地。长期坚持，必能形成孔繁森精神时代价值的研究品牌，推动孔繁森精神研究工作不断深入。

第三，进一步用好孔繁森精神教育基地。

在目前孔繁森纪念馆和孔繁森精神教育基地基础上，条件成熟时可以考虑成立孔繁森精神干部学院。河南兰考有焦裕禄干部学院，四川广安有小平干部学院，江苏淮阴有恩来干部学院，都是从干部教育的角度来设立的，实践证明很有必要。孔繁森精神是符合时代要求的先进典型，如果能在聊城设立孔繁森精神干部学院，影响肯定是非常巨大的。突出孔繁森精神所特有的丰富内涵和时代价值，对各级领导干部进行系统化、形象化的宣传教育，这不仅对孔繁森精神的进一步弘扬有重要推动作用，而且对促进聊城经济社会高质量发展、促进鲁西大地现代化建设，会起到事半功倍的效果。

第四，把孔繁森精神向全社会普及。

孔繁森精神的时代价值，需要向全社会深入普及，使其家喻户晓。我们这一代人知道了孔繁森，被他深深感动，后一代人或后几代人呢？要使孔繁森精神代代相传，就要通过各种形式进行普及。要通过各种文艺形式进行宣传，小说、电影、电视、戏剧，这方面，目前不是多了而是太少了。2021 年是我们党建党 100 周年之时，更是进一步研究和普及孔繁森精神的极好契机，这方面无疑有很多选题、很多工作要去做。

适应新时代的发展要求，契合新时代的本质需要，不断深化孔繁森精神研究和宣传，使孔繁森精神在我们这一代人手中得到弘扬和光大，这是新时代赋予理论工作者的神圣职责！

（原载于山东社科网、“山东省社科联”微信公众号。本文由吴文立同志根据包心鉴研究员 2020 年 10 月 27 日应邀在“新时代孔繁森精神学术研讨会暨聊城市第二届社会科学学术年会”上所做的主题报告录音整理，并经包心鉴先生审定。包心鉴先生为中国政治学会副会长，山东省社科联原党组副书记、副主席、巡视员，山东大学特聘教授，济南大学政法学院名誉院长）

# 论孔繁森精神的形成条件、价值内涵及新时代意义

柴腾虎

**摘要：**孔繁森同志的人生经历具有特殊性，他生长在齐鲁大地，受勤劳敦厚家风的熏陶，部队熔炉的历练，党政部门的教育，有两次援藏以及担任阿里地委书记的经历，具有高度的自我修养意识，这些造就了特殊的孔繁森和孔繁森精神。在新时代背景下，孔繁森精神更加具有活力和价值，他“忠诚干净担当”的政治品格，在新时代干部队伍思想作风建设中弥足珍贵，对于各级领导干部和党员来说更是一面很好的镜子。

孔繁森精神是我们党在思想政治工作中的宝贵财富，将成为“不忘初心、牢记使命”主题教育的生动教材和不竭动力，激励更多的党员及领导干部在为中国人民谋幸福、为中华民族谋复兴的伟大征程上不懈努力。

**关键词：**孔繁森；条件；内涵；意义

孔繁森同志离开我们已经整整25年了，二十多年来，党和国家给了他许许多多的荣誉，全国民族团结进步先进个人、100位新中国成立以来感动中国人物、改革先锋、新中国成立70周年“最美奋斗者”等等，这些荣誉对他来说都是当之无愧的，是对孔繁森精神的充分肯定和褒扬。

在纪念孔繁森同志逝世25周年之时，我们进一步研究孔繁森精神的形成条件、价值内涵及新时代意义，为推进国家治理体系和治理能力现代化注入正能量，这将有重要的现实意义。

## 一、孔繁森精神的形成条件分析

孔繁森精神的形成要从孔繁森同志生活、工作的客观环境对自身的影响和他不断地对自身主观世界的改造两个方面来分析。

孔繁森精神形成的客观条件——

第一，孔繁森生长在礼仪之邦，系中国孔氏大家族第74代后裔，中华优秀传统文化和传统美德在他身上得到了充分体现。

中华优秀传统文化源远流长，在齐鲁大地这块沃土上更是根深蒂固。孔繁森做人、做事与做官的过程充分体现了“务实革新、兼容并包”“经世致用、知行合一、躬行实践”“以诚待人、讲信修睦”“简约自守、力戒奢华”“清廉从政、勤勉奉公”与“老吾老以及人之老，幼吾幼以及人之幼”等传统思想与理念，他到西藏后更是将这种风格发扬到了极致。

第二，为人诚实、吃苦耐劳的齐鲁遗风在他身上得到完全表现。

山东人大多为人诚实、吃苦耐劳，这在孔繁森身上表现得尤为突出。孔繁森最感人的事迹要数他两次援藏了，这在全国也是少见的，在高级干部中更是绝无仅有。其实，孔繁森援藏要比别人付出的多得多：老母亲年近九旬，妻子身体不好，孩子都未成家，他自己有严重的痔疮和失眠等疾病。1992年底，西藏自治区党委任命他担任阿里地委书记，此时孔繁森第二次援藏工作的期限已满。自治区领导找他谈话征求意见，他还是那句话：“我服从组织决定。”这说明孔繁森除了具有坚强的组织观念，还具有不怕苦、不怕累的优良品质。

第三，孔繁森青年时期在人民军队的大熔炉历练了助人为乐、勇于奉献的高尚品质。

部队是座大熔炉，在这座大熔炉里，孔繁森把自己锻造成一名优秀的军人。在毛泽东思想的哺育下，特别是在学习雷锋活动的影响下，他有了奋斗目标。他常常用自己的零花钱资助家里有困难的战友，他常常帮助别人干内务。古道热肠、助人为乐成了孔繁森最突出的性格特征，这也体现在他的一言一行、一举一动中。孔繁森逝世后，许多人自发地参加了他的骨灰安放仪式，有的人是从几千里之外赶到的，其中有许多是二三十年前孔繁森曾经帮助过的人。

第四，孔繁森基本上都在党政机关工作，因此能够更多地接受党的教育和组织培养。

孔繁森的工作有过多次调整，但他基本上都在党政部门工作。这在客观上为他接受党的教育和组织培养提供了便利。孔繁森平时除了认真学习，坚持写心得笔记，积极参加各种活动外，他身上还有一个突出特点，就是不管职务有何变化，工作有何调整，他都没有中断过与一些老首长、老领导的联系，经常向他们汇报工作和生活情况，以取得更多的教诲和指导。

第五，孔繁森经常深入基层，体察民情，藏族人民对他的深情厚谊又进一步激励他迎难而上、献身高原。

孔繁森同志有一句名言：一个人爱的最高境界是爱别人，一个共产党员爱的最高境界是爱人民。孔繁森两度援藏，春秋十载，心中装着党，装着人民，阿里地区的 7 个县、30 个区他全部到过，106 个乡他去了 98 个，好多区、乡他都去了好几次，总行程 8 万多公里。他访贫问苦，经常倾囊相助；他宁愿自己受冻，也要脱下仅有的毛棉衣裤，帮助贫户御寒。平时，如果机关工作忙，几天下不去乡，他就开始惦记一些病人和贫困户。

第六，阿里地区特殊的环境和一些特殊事件，使孔繁森进一步陶冶了情操，坚定了意志。

一般来说，越是条件艰苦，人们之间越是互相依赖，在阿里地区这样艰苦恶劣的环境中尤为如此。在阿里，孔繁森讲得最多的一句话就是：藏族离不开汉族和其他少数民族；汉族和其他少数民族也离不开藏族。孔繁森在西藏生活、工作多年，艰苦的自然条件使他更懂得团结互助的重要性，因而在处理班子团结、干部团结和民族团结问题上，孔繁森的行为堪为楷模。

提起西藏，尤其是阿里，许多人望而却步。孔繁森之所以义无反顾地勇挑重担，除了他具有坚强的党性外，阿里特殊环境中的一些特殊事件和人物对他也有一定的影响。特别能吃苦、特别能奉献、特别能战斗的“老西藏精神”，对西藏每一位干部群众无疑都有或大或小的影响，先遣连精神又是阿里地区得天独厚的一种精神食粮。

1950 年，解放阿里先遣连的 136 名指战员中有 63 名牺牲在了阿里，西北军区授予他们“进藏先遣英雄连”称号，136 人各记一等功一次。毛泽东、朱德和王震等老一辈革命家都对先遣连有很高的评价。孔繁森担任地委书记和军分区党委第一书记时，给先遣连老战士写信，“阿里再穷也要让你们过好晚年”，他多次到先遣连总指挥李狄三墓前祭拜，不止一次在大会上讲要学习和发扬先遣连精神。孔繁森去世后，他的衣冠冢在狮泉河烈士陵园，和李狄三墓紧挨在一起。

普兰县原县委书记刘继华，从上海来到阿里，一干就是 25 年，大年初一还带着仪器测量道路。

阿里地区政协原副主席王惠生，被人们称为活着的孔繁森。1995 年 7 月，王惠生与孔繁森一并获得了全国民族团结进步先进个人奖，当他开完会把孔繁森的奖章带回阿里时，孔繁森却已经因公殉职。

阿里还有许许多多模范人物可歌可泣的先进事迹，都潜移默化地影响着孔繁森，成为孔繁森精神的营养品和动力源。

以上六点客观条件，或多或少都对孔繁森精神的形成起到了积极作用。孔繁森精神的形成，除了上述外因条件，更多的是受孔繁森好学善问，勤于思考，十分重视自觉改造主观世界，注重人生修养的内因条件影响。

## 二、孔繁森精神的价值内涵

在我们的党员干部队伍中，曾经涌现出张思德、雷锋、焦裕禄、任长霞等一大批英雄模范人物，他们是实践党的宗旨、弘扬理想人格的光荣典范。

但是笔者认为，没有任何人能比得上孔繁森这样一个在特殊条件下造就的“复合型”“多维度”先进典型。孔繁森精神的先进性、广泛性和持久性也是很少有人能比的。

25 年了，我们已经进入了一个新的时代，社会与经济发展都发生了翻天覆地的变化，但是孔繁森精神非但没有过时，反而显得更合时宜。

那么，在新时代条件下，孔繁森精神的价值内涵表现在哪些方面？

习近平总书记曾经指出，贯彻新时代党的组织路线，建设忠诚干净担当的高素质干部队伍是关键……领导干部首先要自觉涵养忠诚干净担当的政治品格。党的十九届四中全会再次重申要坚持不懈锤炼党员干部忠诚干净担当的政治品格。

“一尘不染，两袖清风，视名利安危淡似狮泉河水；二离桑梓，独恋雪域，置民族事业重如冈底斯山”，这是我为孔繁森写下的挽联，是对孔繁森人生经历和思想境界的高度概括。孔繁森所具有的精神特质，正是习近平总书记和十九届四中全会精神对所有党员干部的要求和号召。

一是要坚守忠诚品质。对党和人民忠诚是最重要的政治品德。孔繁森同志作为西藏干部的代表，以自己的实际行动展现了当代共产党人的优秀品质，做到始终永葆共产党员的本色，始终忠诚于党的事业。我们就是要像孔繁森那样，做一名真正无愧于党、无愧于人民、无愧于自己入党誓词的忠诚党员。

习近平总书记指出：“全党同志要强化党的意识，牢记自己的第一身份是共产党员，第一职责是为党工作，做到忠诚于组织，任何时候都与党同心同德。”孔繁森同志先后两次援藏，第二次期满后又去了更加艰苦的阿里地区，对于面临的困难，他非常清楚，但他更清楚，去西藏，去阿里，这是党的事业的需要，对党忠诚，首先要服从组织，毫不含糊地完成好党组织交给的任务。在当前形势下，对党忠诚绝不是一句空洞的口号，而是务必在思想上与行动上与以习近平同志为核心的党中央保持高度一致，把“两个维护”作为座右铭牢牢刻在心上。

二是要弘扬担当精神。孔繁森精神的一个重要方面，就是他能够始终不忘初心、牢记使命，把完全彻底地为人民谋利益作为自己的最大担当和最高追求。他说过一句话：“我们当领导干部，就是为了让老百姓的日子往好里过。”在第一次援藏的岗巴县，他经常深入乡村、牧区与群众一起干农活、修水利；在拉萨市，他跑遍了全市所有公办学校和一半以上的乡、村办小学、敬老院和养老院；在阿里，为了摸清实际情况，他深入调查研究，求计问策，寻找带领群众脱贫致富的路子。不到两年的时间，他跑遍了全地区 106 个乡中的 98 个。他在给女儿的信中写道：“阿里地委书记，这个称谓不仅是一个职务，一份履历，而且是一份责任，一副担子。”孔繁森的担当意识跃然纸上。

三是要保持干净操守。清正廉洁是对领导干部的基本要求，习近平总书记强调，领导干部就是要守得住清贫、耐得住寂寞、稳得住心神、经得住考验，严守党纪国法，自觉做到秉公用权、不以权谋私。居官自律，清正廉洁，一心为公，恪尽职守，是孔繁森精神最具特点的内容。他生活极其节俭，去世的时候身上只有两件遗物：仅有的 8.6 元钱及他的“绝笔”——去世前四天写的关于发展阿里经济的 12 条建议。

孔繁森在政治生活中，一尘不染，两袖清风，能够做到廉洁自律，坚持从小事小节上加强修养，从一点一滴中完善自己，时刻保持人民公仆本色，真诚地追求和实践共产主义人生价值观。

廉洁奉公、公私分明是官员的底线，领导干部要正好家风、管好家人。孔繁森不让儿子使用公家的一页稿纸，自己不用机关小车，用家里的平板车推着老妈在街上看花灯，所有这些都体现了他严以律己、克己奉公的优良品质。

在当前形势下，以孔繁森为榜样，充分理解和学习孔繁森精神的价值内涵，对于我们全面贯彻落实习近平新时代中国特色社会主义思想，坚持马克思主义在意识形态领域的指导地位，旗帜鲜明地反对和抵制各种错误观点，扭转伦理道德滑坡有着很强的针对性。

## 三、孔繁森精神的新时代意义

25 年了，孔繁森精神历久弥新，尤其是在国家进入新时代，全国上下崇尚英雄、学习英雄和党中央把“不忘初心、牢记使命”主题教育作为全党的长期任务的大背景下，孔繁森精神对于强化共产党人的初心使命感更是有着不可替代的作用。

1995 年 4 月，孔繁森的先进事迹在全国一经宣传，立即产生了强大的轰动效应，可以说是亿万人的心灵被震撼、亿万人的良知被唤醒、亿万人的道德在复苏。

一封封书信寄向阿里，有要求去阿里支援阿里建设的，有为阿里发展献计献策的。许许多多的人在孔繁森精神的鼓舞和感召下，在不同岗位上传承与践行着孔繁森精神。

北京残疾青年施纪平带着自己辛辛苦苦积攒的五万元，历尽千辛万苦踏上了阿里高原，捐献给噶尔县小学，后来他又带去了时任国务院副总理李岚清题写的“孔繁森小学”花岗岩校牌和孔繁森同志的半身塑像，并为改善办学条件四处奔波，筹措资金，购买设备。25 年来，他一直走在追寻孔繁森的路上。

黎穆萨，孔繁森生前曾多次为他解决困难。后来，他的事业一步步发展壮大，他一直记得孔繁森当年对自己的教诲，用自己的力量救助失学儿童，资助困难大学生，得到了西藏自治区无数次的表彰和奖励。

阿里地区改则县物玛乡抢古村党支部书记尼玛顿珠，多年来以孔繁森为榜样，勤勤恳恳为群众办事，带领群众走出贫困。他被授予“改革先锋”和“最美奋斗者”荣誉称号。

岗巴县的阿旺曲尼老人是 1979 年孔繁森第一次援藏时在岗巴县的秘书兼翻译，他从心底里敬仰孔繁森。30 多年中，他时时刻刻以孔繁森为榜样，为岗巴县奉献了一生。当黑龙江卫视邀请他做《致敬英雄——纪念孔繁森》专题节目时，他拖着癌症晚期的身体，不远万里参加了节目录制，泣不成声地向人们讲述了他所了解的孔繁森，节目播出后不久他便离开了人世。

在孔繁森遇难的新疆塔城托里县，当地政府两次为他修建了纪念碑，目前正在修建纪念园。托里县委只要有重大活动或干部提拔、积极分子入党等，都要到纪念碑前进行祭奠或宣誓，不少路过的人，也不止一次来到孔繁森纪念碑前，人们都怀念这位仅仅是路过此地而因公殉职的好公仆。

太原润民环保集团作为第一家“孔繁森精神传承与践行基地”和“馆企共建试点单位”，通过孔繁森事迹展览等系列活动，把党建活动搞得有声有色，员工素质显著提高。

时代造就英雄，时代需要英雄。随着党的建设不断加强和社会主义核心价值观不断深入，孔繁森越来越受到人们的敬仰，孔繁森精神越来越被人们传承和弘扬，近期孔繁森纪念馆每天爆满的观众以及全国许多地方掀起的宣传、学习孔繁森热潮，就是最好的例证。

在全党认真学习贯彻十九届四中全会精神的时候，更需大力弘扬孔繁森精神。榜样的力量是无穷的，相信孔繁森精神必定会成为弘扬社会主义核心价值观，加快以德治国步伐，强化意识形态领域工作，推进国家治理体系和治理能力现代化，实现民族复兴中国梦的一股磅礴力量。

**参考文献：**

［1］习近平. 决胜全面建成小康社会　夺取新时代中国特色社会主义伟大胜利——在中国共产党第十九次全国代表大会上的报告［R/OL］.（2017－10－18）.

［2］领导干部的楷模——孔繁森［N］. 人民日报，1995－04－07.

（柴腾虎，现任山西环保作家协会副主席及润民环保集团党支部书记，被授予“孔繁森同志纪念馆荣誉馆长”和“全国宣传孔繁森‘五老’志愿者”称号）

# 孔繁森精神是改革开放的重要精神支撑

易重华　王炜洁

**摘要：** 孔繁森是改革开放新时期涌现出来的优秀党员领导干部的杰出代表。孔繁森精神不仅是奋战雪域高原的精神，而且是改革开放的重要精神支撑。孔繁森敢于革命的精神体现了改革开放的创新要求，热爱人民的情怀体现了改革开放的根本目的，艰苦奋斗的本色体现了改革开放的共同富裕原则，廉洁奉公的品性体现了改革开放对党性的艰巨考验。在全面深化改革的新阶段，市场将在社会资源配置中发挥决定性作用，弘扬孔繁森精神，培养和锻造千千万万个孔繁森式的党员领导干部，中国共产党建立社会主义市场经济体制将成为人类社会史无前例的创举。

**关键词：** 孔繁森精神；改革开放；精神支撑

2018 年 12 月 18 日，在庆祝改革开放 40 周年大会上，孔繁森作为党员领导干部的楷模被授予“改革先锋”称号。中国特色社会主义改革开放事业离不开孔繁森式的党员领导干部。中国特色社会主义改革开放事业，就是把社会主义和市场经济两个方面的优势结合起来，不断开创社会主义建设的新局面。党的十五大报告指出：“把社会主义同市场经济结合起来，是一个伟大创举。”建立社会主义市场经济体制，既是社会主义发展史上的创举，也是市场经济发展史上的创举。伟大的创举需要伟大的精神作为支撑，孔繁森精神是支撑社会主义与市场经济相结合伟大创举的伟大精神。

## 一、孔繁森敢于革命的精神体现了改革开放的创新要求

邓小平指出："改革是中国的第二次革命。"革命是为了解放生产力，改革也是为了解放生产力，归根到底都是要对贫穷落后的面貌进行革命，没有改天换地的革命精神是不可能实现的。孔繁森两次进藏，在中国最贫穷落后的地方书写下中国共产党人敢于革命的精神。

孔繁森敢于对西藏落后的观念进行革命。1979 年，他第一次援藏时，正值改革春风吹遍大江南北，要对长期形成的计划经济、自然经济思想进行革命，但这项革命在西藏地区尤为艰难。由于山川阻隔、高寒缺氧、地广人稀，西藏经济极不发达，商品意识、开放意识非常欠缺。孔繁森生于 1944 年，他的童年和青年时期都是在计划经济环境中度过的，但他的思想并没有被计划经济所束缚，而是从实践出发，在党中央的带领下实现了从计划经济向市场经济的转变。他在西藏大力发展市场经济，把市场经济观念播种到雪域高原上，立志拔掉西藏的"穷根"。他在日记中写道："要树立商品观念，要有经济效益观念，要从供给经济、自然经济、自给自足经济，要从等、靠、要的思想中解脱出来。"为了在农牧区推广家庭联产承包责任制，他亲自到一个乡试点，又把经验在全县推广。他千方百计地疏通畜产品的流通渠道，率队去新疆塔城进行边境贸易考察，以市场引导生产，促进生产，培育农牧民的商品意识。他还把生产能力较弱的农牧民组织起来搞联合经营，增强抗御自然灾害、摆脱贫困的能力。

孔繁森敢于对西藏贫穷的面貌进行革命。改变西藏贫穷落后的面貌，是孔繁森进藏的初衷。第一次援藏，他被分配到条件较好的日喀则，又欣然接受组织安排，连行李都没拆就直接奔赴该地最艰苦的岗巴县。1992 年底第二次援藏期满，他再次欣然接受组织让他去西藏最艰苦的阿里地区任职的安排。他总是满腔热忱地战斗在最贫穷的地方，条件一次比一次艰苦，经验却一次比一次丰富，脱贫工作成效一次比一次明显。在孔繁森的带领和努力下，朗

久地热电站改造工程顺利完工发电，狮泉河旁建成了梳绒厂、鱼骨粉加工厂、水泥厂，千百年来漆黑的夜空变亮了。1994 年，孔繁森去世的这一年，阿里地区的国民生产总值超过 1.8 亿元，比 1993 年增长 37.5%；国民收入超过 1.1 亿元，比上年增长 6.87%。对西藏的贫穷面貌进行革命，就是要战天斗地，这和对负隅顽抗的反动派进行革命一样，都意味着流血牺牲。自然条件恶劣，加上常年劳累奔波，不到五十岁的孔繁森身患多种疾病，他也不止一次遭遇车祸，但他从来没有想过退缩，最终在工作途中因车祸将生命留在雪域高原上，体现出了共产党员生命不止、革命不息的英雄气概。

## 二、孔繁森热爱人民的情怀体现了改革开放的根本目的

孔繁森说："我要用实际行动证明党的干部是真正为人民服务的。"在他看来，真正为人民服务就要关心和帮助最困难的群众，带领最难脱贫的群众脱贫。他以诗言志："冰山愈冷情愈热，耿耿忠心照雪山。"他总是出现在最困难群体的面前，总是尽自己最大的努力，实实在在地为困难群众送去温暖和关爱。在岗巴县任县委副书记时，大年初一他爬上海拔 5000 米的高山去看望边防战士，看到战士们没有取暖的牛粪，又送去取暖的牛粪。在拉萨当副市长期间，全市 56 所敬老院和社会福利院，他走访过 48 所。看到藏族同胞缺医少药，每次走访时他都自带药箱，送医送药，藏族同胞都亲切地称他为"康木机（医生）书记"。1992 年夏天，尼木等地发生地震，孔繁森连续 7 天奔波于 3 县 16 乡数十个村子，在笔记本上详细记载每一户的受灾情况，还收养了在地震中失去双亲的 3 个藏族孤儿。孔繁森最后任职的也是为之殉职的阿里地区面积是山东的 2 倍大，人口仅有 6 万人。这 6 万人是最难脱贫的群体，他们只是 14 亿中国人中的极少部分，少到几乎可以忽略不计。当组织派孔繁森前往阿里任职，他欣然受命，因为他心中最放不下的是还在受苦受难的群众。他说："率领群众致富，是我们的天职。每一个党员干部，都应当与人民同甘苦、共命运。这样，我们党才有威信，国家才有希望。"孔繁森把爱

给了最需要帮助的困难群众，却抛下了年迈的母亲、体弱的妻子、年幼的孩子以及自己的健康和生命。他说：“一个共产党员爱的最高境界是爱人民。”

中国共产党人敢于革命的精神来自哪里？来自将党的初心和使命与人民群众生活状况的对比。党的十九大报告指出：“中国共产党人的初心和使命，就是为中国人民谋幸福，为中华民族谋复兴。”与人民幸福和中华民族复兴之间的差距就是不断改革的着力点，阻碍人民幸福和中华民族复兴的事物就是革命的对象。在十一届三中全会召开前夕，邓小平指出：“我们要想一想，我们给人民究竟做了多少事情呢？我们一定要根据现在的有利条件加速发展生产力，使人民的物质生活好一些，使人民的文化生活、精神面貌好一些。”正是坚守党的初心和使命，邓小平坚定地带领中国人民实行改革开放，建立社会主义市场经济体制，使中华民族走上繁荣发展的复兴之路。孔繁森在日记中写道：“近几年来，群众生活虽然有明显改善，但破房烂衣、缺粮少油者仍时有所见。……我们所做的，离中央的要求差之甚远，需要不断努力，千万不能满足于现状。”他把践行党的初心和使命体现到帮助生活最困难的西藏同胞之中，体现到关照西藏同胞的需求上。离开了热爱人民的情怀，改革开放就会偏航，甚至迷航。正是有了孔繁森式的党员领导干部，改革开放才始终沿着社会主义方向前进，得到人民群众的拥护和支持，成为实现党的初心和使命的必由之路。

## 三、孔繁森艰苦奋斗的本色体现了改革开放的共同富裕原则

市场经济具有将社会资源向优势者集聚的自发趋势。如果一味地打破计划经济而让市场经济自发发展，西藏和其他省份的经济差距会进一步拉大，甚至两极分化。如果西藏一味地等着社会主义制度救济，不通过发展市场经济形成自我造血的功能，仍然会拉开与其他省份的经济差距。西藏自然条件恶劣，经济发展落后，市场经济不可能较快地自发发展。邓小平指出：“我们允许一些地区、一些人先富起来，是为了最终达到共同富裕，所以要防止两

极分化。这就叫社会主义。”在市场经济中，实现共同富裕最难。克服市场经济两极分化的弊端，需要逆市场经济而动——将社会资源向劣势者集聚。人才是第一资源。孔繁森在年富力强之年，带着党的嘱托，选择艰苦“逆行”，用生命诠释了实现共同富裕是中国共产党实行改革开放、发展市场经济的根本原则。

孔繁森艰苦奋斗精神体现在他甘愿放弃优越条件，选择艰苦，而且不被艰难压倒，百折不挠地干事创业。1979 年，山东省根据中央指示，组织干部援藏，帮助西藏发展经济。此时孔繁森 35 岁，是聊城地委宣传部副部长，可谓年轻有为。35 岁，也是人生重负期，上有老下有小，孔繁森的家庭负担比一般家庭还重，母亲年逾八十，妻子体弱多病，三个孩子中最大的六岁，最小的才两岁。待在聊城，凭借年富力强的优势，孔繁森会有不错的发展前景，还能照顾好家庭，可以事业家庭两不误。可是，孔繁森得知援藏消息后立即报名，许多人包括他的家人都不理解。他说：“我们国家正处在创业的时期，西藏又缺少干部，我这样年轻的县级干部不报名，难道让组织来点名?”他第二次援藏期满，组织安排他去西藏最艰苦的地区——阿里任职。经过两次援藏的经历，他最能体会在西藏工作的艰难，最知道阿里地区的艰苦。凭借两次援藏的资历，回到聊城可以说前途可期，可是他还是再次选择“逆行”。他目睹过一些藏族同胞茹毛饮血的生活状况，经历过头痛欲裂的高原反应，领教过频发的自然灾害，曾从马背上摔下来昏迷数日，在身体极度虚弱时写下遗书，但这些艰难困苦没有把他压倒。到阿里上任后，靠馒头就雪，他跋山涉水，行程 8 万多公里，阿里 106 个乡他走了 98 个，在调研中筹划阿里的发展蓝图。在他的努力和带领下，阿里的面貌有了明显的改观。

毛泽东指出：“艰苦奋斗是我们的政治本色。”全心全意为人民服务，是我们党的宗旨，共产党人要吃苦在群众之前，享受在群众之后。只要还有受苦的群众，共产党人就要和群众一起艰苦奋斗，改变落后面貌。艰苦奋斗是共产党人与生俱来的选择。孔繁森始终保持共产党人的政治本色，他说：“越是边远贫穷的地区，越需要我们为之去拼搏、奋斗，否则就有愧于党，有愧于群众。”发展社会主义市场经济，会有许多像发展西藏这样的难事，党员领导干部只有以艰苦奋斗的精神，把这些难事做好，才能充分发挥政府和市场两个方面的优势，保证改革开放协调健康发展。

## 四、孔繁森廉洁奉公的品性体现了改革开放对党性的更高要求

发展市场经济，必然使金钱的价值在社会生活中突出出来，市场经济的逐利性对廉洁奉公的党性形成了新的考验。党员领导干部一方面掌握着权力，另一方面又是市场经济的推动者，权力和金钱时刻发生着联系，思想稍有松懈就会发生权钱交易的勾当，这对党员的党性提出了更高要求。从改革开放到 20 世纪 90 年代初，把人们的思想从计划经济中解放出来受到较大关注，而对市场经济对党性的强大腐蚀力关注不够，加上体制转型过程中制度不健全，权钱交易从“官倒”开始渐成蔓延之势。和孔繁森同时代的领导干部中，王宝森、李效时、禹作敏、郭政民等人因权钱交易而纷纷落马。孔繁森不是没有受到过诱惑，在聊城莘县担任林业局局长、在阿里地区担任地委书记时，都有人将钱送到他面前，希望他在一些工程项目上予以关照，但都被他严厉批评后回绝了。在民族自治地区，领导干部的自由裁量权更大，孔繁森却能做到拒腐蚀永不沾。他说：“权力、职务，那是人民给的，是用来为人民服务的，其余都不属于自己。”

孔繁森不仅清正廉洁，而且克己奉公。遇到困难群众，他总是习惯性地把自己身上带的钱拿出来。他每次为藏民送医送药，都是自掏腰包。当看到一位藏族大妈衣衫单薄，他马上脱下自己的毛衣毛裤送给这位大妈。他妻子和女儿为他编织的多件毛衣毛裤在他身上待不了多久就转送给了别人。多年来，他送出去的钱和物不计其数。为了救济藏族同胞，为了给他们买药，孔繁森甚至把妻子积攒的 6000 元拿走。为了抚养地震灾害中的三个藏族遗孤，他以多病的身躯三次卖血。乐善好施的孔繁森非常需要钱，但他从没有打过

公款的主意。对待家人，他更是公私分明。儿子孔杰来西藏看望他，他要儿子向食堂交纳伙食费，结果儿子返程的车费不得不向他的同事借。这与假公济私、中饱私囊的腐败分子形成了鲜明的对比。孔繁森去世后，他的衣服里只有两样东西，一样是八元六角钱，一样是加快阿里地区经济发展的12条建议。藏族同胞在挽幛上写道："高风亮节光明磊落如日月行空，托孤恤贫爱民胜子似甘霖济世。"无论是在革命战争年代，还是在改革开放年代，廉洁奉公的品性永远是人民群众评价党员领导干部的重要标准，也是我们党赢得人民群众支持和拥护的重要根基。

把社会主义和市场经济结合起来，是创举，更是考验，既考验党员领导干部能不能做到敢于革命、艰苦奋斗，又考验党员领导干部能不能做到热爱人民、廉洁奉公，总而言之是对党员领导干部能力和品行的全方面考验。当前我国已经进入全面深化改革的新阶段，市场将在社会资源配置中发挥决定性作用，对党员领导干部的考验将更加严峻。弘扬孔繁森精神，培养和锻造千千万万个孔繁森式的党员领导干部，中国共产党就能够把社会主义市场经济体制建设成为人类社会历史上前所未有的创举。

**参考文献：**

[1] 江泽民文选：第2卷 [M]. 北京：人民出版社，2006：16.

[2] 邓小平文选：第3卷 [M]. 北京：人民出版社，1993.

[3] 孔繁森同志日记摘抄 [J]. 兵团党校论坛，1995 (4).

[4] 领导干部的楷模——孔繁森 [N]. 人民日报，1995-04-07.

[5] 林威，汤阳. 孔繁森："一个共产党员爱的最高境界是爱人民" [EB/OL]. http://www.xinhuanet.com/politics/2016-07/02/c_1119152959.htm.

[6] 习近平. 决胜全面建成小康社会 夺取新时代中国特色社会主义伟大胜利 [M]. 北京：人民出版社，2017：1.

[7] 邓小平文选：第2卷 [M]. 北京：人民出版社，1994：128.

[8] 宋仁霞. 孔繁森 [M]. 北京：团结出版社，1999：35.

[9] 毛泽东文集：第7卷 [M]. 北京：人民出版社，1999：162.

[10] 邢志第，刘继孟. 孔繁森价值观研究 [M]. 北京：中共中央党校出版社，1998.

（易重华，国防科技大学信息通信学院军队政工教研室教授；王炜洁，国防科技大学）

# “爱人民”

## ——孔繁森精神的历史承继与现实要求

何宇红　黄　敏

**摘要：**“爱人民”是孔繁森精神的主线，其源于孔繁森对优秀传统文化的继承与弘扬，对党的初心和使命的信仰与坚守，以及对职业道德的遵守与发展。学习弘扬孔繁森精神，承继其“爱人民”品质，坚守为人民的初心，担起爱人民、为人民谋幸福的使命和责任，必须学会如何爱，做到爱有心、有行，更要有技、有法。

**关键词：**爱人民；精神；承继；要求

孔繁森，是“新时期领导干部的楷模”“人民的好公仆”，他“一尘不染，两袖清风，视名利安危淡似狮泉河水；二离桑梓，独恋雪域，置民族团结重如冈底斯山”，坚持以党的事业为重，以服从组织安排为己责，以加强民族团结为己任，不畏艰苦，不畏酷寒，无私奉献，克服个人、家庭困难，两次奔赴雪域高原，汗洒雪域，情系高原，为藏族同胞呕心沥血谋福祉，为阿里高原鞠躬尽瘁谋发展，把生命献给了雪域高原，献给了党的事业和藏区的人民，肩负起一名共产党员、一名新时代好干部的神圣职责和使命担当。他用自己的一生践行着“一个人爱的最高境界是爱别人，一个共产党员爱的最高境界是爱人民”的誓言，用忘我的奉献诠释了一名共产党员的初心和使命。孔繁森同志“爱人民”的优秀品质和崇高精神感动着中华大地，影响着许许多多的党员干部。他“爱人民”的伟大精神源自哪里？只有对“爱人民”精神溯本求源，才能找到其精神根基，才能领会其本质要旨。在现实中弘扬和传承孔繁森“爱人民”的伟大精神，更需要思考和追问其现实要求和实践路径。

## 一、孔繁森“爱人民”精神的历史承继

### （一）孔繁森“爱人民”精神是他作为中华儿女对优秀传统文化的继承与弘扬

“仁爱”是中华传统道德伦理体系的核心和基础，中华传统道德认为“仁”是人类社会的最高道德原则、道德标准和道德境界。人之所以为人，人与动物最根本的区别在于人有“仁”心，“仁者，人也”，“仁也者，人也”；而“爱”这种对人或事所具有的深厚真挚情感，则是“仁之发”，“君子以仁存心”，“仁者”以“爱人”表其愿，“爱人”是一种人之为人的道德义务，是每一个人应该尽的责任；“爱人”是有差等的，由里及外。“爱人”始于“爱亲”，即始于“孝悌”。孔子认为，人的仁心爱意作为一种社会本能和先天情感，首先从对自己的父母亲人开始，因为他们与自己有着不可切割的血缘亲情关系。人还会从“亲亲之爱”进一步拓展到“泛爱众”，因为人有道德理性，会推己及人，会“从自己的情感欲望、精神追求出发，进而推导并满足他人的情感欲望、精神追求，最终实现相互理解、相互满足的社会交往理性”。如孟子提出“老吾老以及人之老，幼吾幼以及人之幼”，这就是将孝亲慈幼的亲亲之爱之情推广为一种普遍性的尊老爱幼之情的行为。儒家崇尚的理想人格是：“仁以为己任，不亦重乎？死而后已，不亦远乎？”“爱人者，人恒爱之”，爱是人与人心灵沟通的桥梁，是社会温馨和谐有序稳定的润滑剂和守护力。孔繁森作为中华儿女，他是优秀传统道德的践行者和守护者，古人眼中的君子。在家中，他对亲人充满无限的爱，他给母亲梳头、洗脚、擦背，尽一个儿子的孝道；他节衣缩食，大部分工资寄回家里作生活费，一旦有空回到家里，总是抢着干家务，履行一个丈夫的职责；他关心子女，关注

他们的成长，看见小花帽不忘为心爱的女儿买一顶，虽因工作未能一直陪伴子女成长，但依然尽力担起父亲的责任。为了党的事业，他远离家庭，扎根边疆，把对亲人的爱洒向身边的同事、战友，洒向藏族人民。他给亲人、朋友、众人的爱是无私的、无限的，他感动着西藏、感动着全中国，成为民族团结的守护者，成为国家和谐稳定的磐石。

### （二）孔繁森“爱人民”精神是一名共产党员对党的初心和使命的信仰与坚守

中国共产党作为无产阶级政党，来自人民，依靠广大人民群众的信任、支持和帮助，才有了今天的领导地位和辉煌成就。中国共产党之所以能得到人民群众的拥护和爱戴，是因为中国共产党自始至终都把爱给了人民。从成立之初开始，中国共产党就把全心全意为人民服务作为党的根本宗旨，作为共产党员的理想追求，坚持完全站在人民的立场，从人民的利益出发，始终把实现好、维护好、发展好最广大人民根本利益作为一切工作的出发点和落脚点。新时代，中国共产党更是把以人民为中心作为坚持和发展中国特色社会主义的根本立场，作为当代中国共产党人的信仰之基，力量之源。“不忘初心、牢记使命”当前已成为党员学习教育的主题，习近平总书记提出，“中国共产党人的初心和使命，就是为中国人民谋幸福，为中华民族谋复兴，这个初心和使命是激励中国共产党人不断前进的根本动力”，他强调“全党同志一定要永远与人民同呼吸、共命运、心连心，永远把人民对美好生活的向往作为奋斗目标”。孔繁森同志早在入党之初立下誓言：“为了党为了人民，上刀山下火海，自己在所不辞、心甘情愿。”他一生追求和践行的，正是一代又一代中国共产党人共同追求的目标和坚守的信仰。

### （三）孔繁森“爱人民”精神是一名国家公职人员对职业道德的遵守与发展

《中华人民共和国公务员法》明确规定公务员应当履行“忠于人民，全心全意为人民服务，接受人民监督”的义务。公务员职业道德建设强调以“坚定信念、忠于国家、服务人民、恪尽职守、依法办事、公正廉洁”为主要内容。其中“服务人民”要求公务员坚持以人为本、执政为民，全心全意为人民服务，永做人民公仆；坚持党的群众路线，密切联系群众，以人民忧乐为忧乐，以人民甘苦为甘苦；坚持人民利益至上，把实现好、维护好、发展好最广大人民根本利益作为工作的出发点和落脚点，切实维护群众切身利益。作为国家领导干部，孔繁森始终没有忘记自己是一名共产党员，一名党的领导干部，每一次组织问他有什么困难和要求时，他回复的都是“我是党的干部，服从组织安排”。他总是对母亲和家人说：“咱是党的人，咱得给公家办事啊……”他总是毫不犹豫地服从党的决定、人民的需要，舍“小家”顾“大家”，这是“先天下之忧而忧”的为民情怀，更是“只留清气满乾坤”的高尚情操。

## 二、孔繁森“爱人民”精神的现实要求

作为一名共产党员，作为一名人民代表，如何坚守为人民的初心，如何担起爱人民、为人民谋幸福的使命和责任，如何真正做到“一切为了群众，一切依靠群众，从群众中来，到群众中去，为群众办实事、解难事”，是我们党员干部需要思考和面对的问题。正如《道德经》有言，“慎终如始，则无败事”，真正的爱不是一句简单的口号，不是盲目冲动，更不是任性妄为，爱要有心、有行，更要有技、有法。

爱要有心。繁体的“爱”字中间明明白白地存放着一个“心”，造字之初人们已经认识到爱要有心、要用心，要全心全意地倾情投入。俗话说，“得民心者得天下”，民心连着党心，党员干部要把人民放在心中最高的位置。孔繁森同志对人民的爱是全身心的，他像待自己的父母一样待西藏的老人，他将老人冻得红肿的脚焐在自己怀里；他像待自己的孩子一样待西藏的孩子，像父母一样照顾、关心他们，为了给孩子们买衣服、买书包、交学费，他愿

意卖血。现实生活中，作为党员干部，作为国家公务员，作为人民教师，作为人民选出来的代表，我们都应扪心自问：我们是否能真正用心去爱人民？是否能真正代表人民、服务人民？是否能真正关心人民的疾苦，忧人民所忧？是否能真正站在人民群众的立场，了解民众的所思所想、所需所求并且急人民所急？能否坚持以真挚感情服务人民？想问题、做决策、办事情是否都能想着人民、为了人民、维护人民的利益？心之所系，情之所依——只有用心、用情、用力去帮助群众解决困难和问题，做为群众排忧解难的“贴心人”，始终牢记党的根基在人民，不忘初心，站稳人民立场，坚守为民情怀，才是真正地爱人民。

爱要有行。爱不仅要有心，更要有行。“说一万句空话不如办一件实事”，孔繁森对人民的爱并非挂在嘴上，而是化作扎扎实实的行动。他为了让西藏人民尽快脱贫致富，在条件异常艰苦、气候极其恶劣的岗巴县、阿里地区，跑农村、走农户、访喇嘛，深入基层调查研究，充分组织动员干部群众，想尽一切办法，全力为辖区的各个贫困乡村找到一条又一条精准脱贫之路，他制定了“北连新疆、南拓边贸、因地制宜、分类指导、建设三个不同类型又互为补充的区位经济开发”发展规划，一幅全面振兴阿里经济的宏伟蓝图，正在雪域高原上成为现实。他随身背着小药箱为西藏的百姓送医送药，他用自己有限的工资为贫困家庭送衣送物，他给西藏的孩子送去温暖和爱心，一宗宗一件件，孔繁森同志用实际行动，阐述着对人民真挚的爱。“治国有常，而利民为本”——共产党员爱人民就要像孔繁森同志一样，要有务实为民的政治自觉，要有切实为民的实际行动，更要用扎实的作风、实干的精神去表现对人民的爱，做到脚踏实地、改革创新、担当有为。作为党的干部也好，作为人民代表也好，绝不能把身份当作头衔、名誉、荣誉，甚至谋取个人利益的工具，要明确自身肩负的责任、使命，要有所作为，有所担当。要认真倾听民意，如实反映民情，积极依法履行自己的职责，正确行使人民赋予的权力，尽心尽责地做好本职工作，努力成为推动社会改革发展的“行动家”“实干家”。只有牢记入党誓词，坚持以对党的忠诚来热爱人民、服务人民，把岗位作为重要的服务平台，忠于职守、勤奋敬业、锐意进取，以身作则、率先垂范地认真履行职责，才是真正地爱人民。

爱要有技。爱人民，为人民谋幸福，为民族谋复兴，为国家谋发展，单有一颗红心是不够的，没有真才实学和过硬本领是不行的。“中华民族伟大复兴，绝不是轻轻松松、敲锣打鼓就能实现的，全党必须准备付出更为艰巨、更为艰苦的努力。”中国特色社会主义建设事业可能会遇到各种困难、问题，需要注意防范各种风险，迎接各种挑战，人民对美好生活有各种各样的诉求，然而“没有金刚钻，揽不了瓷器活”，没有出色的专业技能，没有超群的智慧，没有过人的能力，就难以完成人民赋予我们的职责，难以在本职工作中做出优异的成绩，难以帮助群众解决各种困难，更不能向政府提出真正切实可行的咨政方案。孔繁森同志能送医送药，因为他懂医术；孔繁森同志能做好阿里的规划，带领阿里人民谋发展，因为他精于业务。我们同样要坚持学习、善于学习、强化学习，通过学习不断完善知识结构，提高运用科学理论分析问题、解决问题的能力，增强履行职责的技术和本领，只有这样，我们才能不断探索破解难题、破除障碍的创新之道，才能在面对困难和问题时及时想出适应形势要求的应对之策，才能在工作中、实践中推动社会主义伟大事业蓬勃发展，才能真正实现自己对人民的爱。

爱要有法。俄罗斯有句谚语：“巧干能捕雄狮，蛮干难捉蟋蟀。”这句话道出了一个普遍的真理，即做事要讲究方法，巧干胜于蛮干、苦干。巧干是抓住了事情的关键，并找到了有针对性的方法。良好的有针对性的方法能使我们更好地发挥自己的天赋才能，而蛮干、苦干则可能导致事倍功半，影响我们水平和能力的发挥。无论是作为共产党员，还是作为人民教师、人民代表，我们在工作中都可能会面临各种各样的问题，履行职责时会面对群众各种各样的诉求，并非所有的问题都可以马上解决，并非所有的诉求都是合理的，都可以立即得到满足，面对纷繁复杂的任务，面对不同的情况、问题，需要我们做出具体的分析和判断，因时因地因事制宜，拟出不同的方案，做出不一样的决策，有针对性地解决问题。做事时，需要我们以一种求实求真的态度和科学探索的精神，敏锐机智地做出反应，按科学规律办事，用理智战胜冲动，用巧干代替蛮干；履行职责时，也需要我们有随机应变的智慧。

总之，爱人民绝不仅仅是说说而已，需要用心、用情、用功，要做关心人民的“有心人”、服务人民的“热心人”、解决群众困难的“贴心人”、坚持党性原则的“明白人”，尽心尽责，不辱使命，担当有为。孔繁森留下的那句话——“一个人爱的最高境界是爱别人，一个共产党员爱的最高境界是爱人民”——必须成为我们每一个共产党员的价值追求。孔繁森精神是一面永不褪色的旗帜，必将永远激励我们矢志不渝地为人民群众的幸福生活、为中华民族的伟大复兴、为人类社会的共同发展而奋斗终生！

**参考文献：**

[1] 孔繁森事迹解说词，孔繁森纪念馆。

[2] 朱汉民．中国传统文化导论［M］．长沙：湖南大学出版社，2010.

[3]《中共中央组织部人力资源社会保障部国家公务员局关于推进公务员职业道德建设工程的意见》，人社部发〔2016〕54号。

（何宇红，广东省高等学校思想政治理论课教学指导委员会委员，赤坎区人大代表，岭南师范学院马克思主义学院教授；黄敏，岭南师范学院马克思主义学院）

# 孔繁森精神的时代内涵与实践路径研究

周浩集

**摘要：**本文通过孔繁森精神与中国特色社会主义新时代相结合的视角，深刻领会贯彻习近平总书记关于干部队伍建设的重要论述，充分把握建设忠诚干净担当的高素质干部队伍这一关键，深入挖掘孔繁森精神所包含的“忠诚干净担当”元素，从而为在实践中学习弘扬孔繁森精神找到有效路径。

**关键词：**孔繁森精神；时代内涵；实践路径

## 一、新时代学习弘扬孔繁森精神的必要性

孔繁森精神是改革开放新时期创业精神的组成部分，是共产党人精神谱系中的重要环节。习近平同志曾经指出，“要学习孔繁森同志的境界感”，“做一个亲民爱民的公仆，做一个忠诚正直的党员，做一个靠得住、有本事、过得硬、不变质的领导干部”①。中国特色社会主义步入新时代，对标“信念坚定、为民服务、勤政务实、敢于担当、清正廉洁”的好干部标准，在实践中学习弘扬孔繁森精神日益凸显出重要的时代价值。

### （一）学习弘扬孔繁森精神是推进党的建设新的伟大工程的必然要求

习近平总书记强调指出：“坚定理想信念，坚守共产党人精神追求，始终

①习近平．之江新语［M］．杭州：浙江人民出版社，2007.

是共产党人安身立命的根本。”因此，新时代党的建设总要求把坚定理想信念作为根基，要求共产党人要牢固树立正确的世界观、人生观和价值观。孔繁森同志有着无比坚定的理想信念和无私奉献的坚强党性，“孔繁森的人生观，是新的历史时期共产党人人生观的浓缩，是孔繁森精神的本质”①，“孔繁森的价值观是社会主义伟大实践熔炉里的一块金子，随时随地都在迸射出璀璨耀眼的光芒”②。新时代，学习弘扬孔繁森精神就是用习近平新时代中国特色社会主义思想武装全党，把坚定理想信念作为党的思想建设的首要任务，教育引导全党牢记党的宗旨，挺起共产党人的精神脊梁，解决好世界观、人生观、价值观这个“总开关”问题，自觉做共产主义远大理想和中国特色社会主义共同理想的坚定信仰者和忠实实践者。

### （二）学习弘扬孔繁森精神是贯彻坚持以人民为中心的发展思想的需要

人民立场是中国共产党的根本政治立场。习近平总书记指出：“干部要把人民放在心中最高位置。同人民风雨同舟、血脉相通、生死与共，是我们党战胜一切困难和风险的根本保证。离开了人民，我们就会一事无成。”孔繁森同志有着真心诚意地热爱人民、全心全意地服务人民的彻底的公仆情怀，孔繁森精神是中国共产党人全心全意为人民服务的宗旨在新的历史条件下的映现。新时代，学习弘扬孔繁森精神就是要求党员干部始终把人民放在最高位置，牢固树立以人民为中心的发展思想，始终保持公仆心，以民心为大、民生为重、民苦为忧，方能持之以恒为维护人民利益而奋斗不止。③

### （三）学习弘扬孔繁森精神是聊城广大党员干部的必修课程

孔繁森同志虽然离开我们25年了，但他的崇高精神在坚持和发展中国特色社会主义的新时代，依然具有旺盛的生命力和持久的影响力。他身上展现

①心鉴．在更深层面上揭示孔繁森精神的内涵［J］．发展论坛，1997（12）．
②王杰．精神永驻　丰碑长存［J］．现代哲学，1998（3）．
③徐建国．始终践行以人民为中心的发展思想［N］．学习时报，2019－05－08．

出的坚定理想信念，努力为人民谋利益，坚持党和人民的利益高于一切和艰苦奋斗、克己奉公等共产党人的优秀品质仍然影响着每一位党员干部。聊城是孔繁森同志的家乡，是他曾经工作和生活过的地方。孔繁森同志作为当代领导干部的楷模，是聊城人民的光荣和骄傲，聊城的广大党员干部更应该把学习弘扬孔繁森精神作为一门必修课，争做忠诚干净担当的孔繁森式的好干部，“深入挖掘孔繁森精神的深刻内涵，从中汲取营养和力量，不忘初心、牢记使命，为加快推动聊城高质量发展而努力奋斗”①。

## 二、孔繁森精神时代内涵的理论阐释

当前，我们党仍然面临着长期而复杂的“四大考验”、尖锐而严峻的“四大危险”，影响党的先进性、弱化党的纯洁性的因素复杂而多变，党内存在的思想不纯、组织不纯、作风不纯等突出问题尚未得到根本解决。因此，随着时代的发展与变迁，需要赋予孔繁森精神更加丰富的内涵，才能保持其旺盛的生命力，发挥其持久的影响力。习近平总书记强调：“贯彻新时代党的组织路线，建设忠诚干净担当的高素质干部队伍是关键。”在新时代，孔繁森精神内涵的核心就是忠诚干净担当的政治品格，进而外化为一心为民的公仆情怀、求真务实的工作作风、迎难而上的奋斗精神和清正廉洁的道德情操。

### （一）孔繁森精神时代内涵的本质特征是讲忠诚

忠诚是党员对党自觉理性的归属和维护，具有绝对性、稳定性、长期性、伦理性、排他性、内生性等基本特征，包含了党性、认同、情感、敬畏、规矩、利益、权利、信念、共生等结构要素，对于强化党内政治凝聚力、塑造党的政治形象、打造党内良性政治生态、助推党的伟大事业等具有重要价值。

---

①孙爱军参观孔繁森同志纪念馆时强调用好红色资源汲取前进力量［N］. 聊城日报，2019－03－01.

对党绝对忠诚突出表现为：绝对忠诚于党的组织，绝对忠诚于党的理论、纲领、路线方针政策，绝对忠诚于党的纪律和规矩，绝对忠诚于党的执政、党的领导、党的事业，绝对忠诚于党领导下的国家和人民。

经过思想政治和心灵情感的洗礼和涤荡，孔繁森同志具有了坚定的马克思主义信仰和中国特色社会主义信念，对党绝对忠诚，体现出了共产党人的根本政治担当。孔繁森同志始终认为“咱是党的人”，坚决服从党组织的安排，舍小家、为国家，毅然决然地两度赴藏工作。每当心中泛起思乡之情时，孔繁森同志只是在日记中写下“自古忠孝难两全，每忆老母涕泪流”“莫言伤感为思乡，滴滴热泪牵肚肠”的感慨，便又全身心地投入到工作中去，充分彰显出“耿耿忠心照雪山”，以行动践行着“一个共产党员爱的最高境界是爱人民”，把对党忠诚、为党分忧、为党尽职、为民造福作为根本政治担当。

### （二）孔繁森精神时代内涵的鲜明特色是干净廉洁

马克思主义廉政观认为，一个政府及政府工作人员能否实现廉政以及实现廉政的程度，一是取决于社会政权的性质，二是取决于社会对政府官员社会地位的确定以及政府官员对这一地位的自我认识状况，三是取决于政权性质所决定的政府官员应具备的思想观念的树立程度。孔繁森同志正是公私分明的崇高思想境界的体现，对私、对腐败行为疾恶如仇，坚决斗争；对廉政矢志不移，金钱不能收买他，荣华富贵不能腐化他，亲情友情不能动摇他。①

孔繁森同志一生干净廉洁，始终恪守“公与私是一条永远不可逾越的界限”。习近平总书记强调：“领导干部就是要守得住清贫、耐得住寂寞、稳得住心神、经得住考验，严守党纪国法，自觉做到秉公用权、不以权谋私。”孔繁森同志认为自己是“人民的牛”，清正廉洁、一心为公，坚守人民立场。党

①梁建秀，孟宪堂．孔繁森廉政思想基础再探析［J］．聊城师范学院学报（哲学社会科学版），1996（4）．

员干部学习孔繁森精神，要做到干净廉洁、心系人民，时刻牢记自己是人民的公仆，保持务实清廉的政治本色，正确处理公私、义利、是非、情法、俭奢、苦乐、得失的关系，自觉同特权思想和特权现象做斗争，坚决预防和反对腐败，清清白白为官、干干净净做事、老老实实做人。

### （三）孔繁森精神时代内涵的价值体现是敢于担当

马克思主义认为，在人与自然、人与社会的各种关系中生成了价值。孔繁森精神的价值生成基于建设有中国特色社会主义实践基础上的孔繁森精神（价值客体）与党和人民群众（价值主体）相互关系的产生。① 孔繁森始终坚持全心全意为人民服务的宗旨，在工作中敢于担当，正如习近平总书记所指出的那样，“敢于担当，党员干部必须坚持原则、认真负责，面对大是大非敢于亮剑，面对矛盾敢于迎难而上，面对危机敢于挺身而出，面对失误敢于承担责任，面对歪风邪气敢于坚决斗争”。

孔繁森同志在阿里工作期间，从南方的边境口岸到藏北大草原，从班公湖到喜马拉雅山谷地，他一个县、一个区、一个乡地跑，摸清情况、研究对策、寻找出路，带领藏族人民描绘了一幅雪域高原经济振兴的宏伟画卷，敞开了阿里高原迈向世界的大门：山羊绒梳绒厂等相继拔地而起，地热电厂重新发电，开通普兰、什布奇口岸，等等。有人说孔繁森同志去西藏工作是为了“镀金”，是为了提拔，这只是少数别有用心的人的猜测，是不了解孔繁森精神的主观误判。反过来讲，像孔繁森这样忠诚干净担当的干部，给予他们更多为人民服务的机会、更广阔的干事创业的舞台，又有什么错呢？党员干部学习孔繁森精神，就要干事创业敢担当，以强烈的政治责任感和历史使命感，保持只争朝夕、奋发有为的奋斗姿态和越是艰险越向前的斗争精神，以钉钉子精神抓工作落实，坚决摒弃一切明哲保身、得过且过、敷衍塞责、懒政怠政等消极行为，努力创造经得起实践、人民、历史检验的实绩。

---

①王立胜．论孔繁森精神的价值生成和价值涵量［J］．理论探讨，1996（4）．

## 三、新时代学习弘扬孔繁森精神的实践路径选择

“正确的政治路线确定之后，干部就是决定的因素。”中国特色社会主义步入新时代，进行伟大斗争、建设伟大工程、推进伟大事业、实现伟大梦想，必须建设一支忠诚干净担当的高素质干部队伍。孔繁森同志以自己的实际行动铸就的孔繁森精神，彰显了习近平总书记提出的“信念坚定、为民服务、勤政务实、敢于担当、清正廉洁”的好干部标准，体现了党员干部忠诚干净担当的政治品格。在新时代，学习弘扬孔繁森精神必须以习近平新时代中国特色社会主义思想为指导，全面贯彻落实新时代党的组织路线，把不忘初心、牢记使命作为永恒主题，不懈锤炼党员干部忠诚干净担当的政治品格，探索构建完善的教育机制。

### （一）学习弘扬孔繁森精神要把不忘初心、牢记使命作为永恒主题

“中国共产党人的初心和使命，就是为中国人民谋幸福，为中华民族谋复兴。”孔繁森同志把“咱是党的人”作为自己的人生信条，对党、党的事业和人民绝对忠诚，体现了共产党人的初心和使命。孔繁森同志两度赴藏工作，清楚地知道那里的条件多么艰苦，清楚地知道离别亲人和家乡意味着什么。但是，他更清楚这是党组织的安排，是祖国和人民的需要，所以在“自古忠孝难两全”中毅然选择了舍小家、为国家，把对亲人的爱和思念升华为对党的忠诚。

在实践中学习弘扬孔繁森精神，就是要学习他坚定的马克思主义信仰和中国特色社会主义信念，正确的世界观、人生观和价值观；学习他牢记自己是“党的人”，超越“平常人”，把对党忠诚、为党分忧、为党尽职、为民造福作为根本政治担当，自觉在思想上政治上行动上同党中央保持高度一致，始终忠诚于党、忠诚于人民、忠诚于马克思主义，为中国特色社会主义事业不懈奋斗。

### （二）学习弘扬孔繁森精神要不懈锤炼党员干部忠诚干净担当的政治品格

习近平总书记强调，党员干部要具有铁一般信仰、铁一般信念、铁一般纪律、铁一般担当，在实现“两个一百年”奋斗目标和中华民族伟大复兴中国梦的进程中，真正做到“信念坚定、为民服务、勤政务实、敢于担当、清正廉洁”。新时代的党员干部要确保遵守党章，恪守党的性质和宗旨；牢固树立人民观，坚持以人民为中心的发展思想；敢于担当、敢于亮剑、敢于挺身而出、敢于承担责任；自觉做到秉公用权，不以权谋私。党的十八大以来，习近平总书记就建设高素质干部队伍发表了一系列重要论述，为高素质干部队伍建设指明了方向，其本质要求就是“努力造就一支忠诚干净担当的高素质干部队伍”，这与孔繁森精神所蕴含的忠诚干净担当的政治品格相吻合。

孔繁森同志以实际行动践行着“一个共产党员爱的最高境界是爱人民”，始终恪守“公与私是一条永远不可逾越的界限”，以“一腔热血洒高原”的人生誓言，干事创业敢担当，把职务看成一份责任、一副重担。孔繁森同志清正廉洁、一心为公，坚守人民立场，始终认为自己是“人民的牛”“人民的公仆”。孔繁森同志因公殉职时身上只有 8.6 元钱和关于发展阿里经济 12 条建议的“绝笔”；孔繁森同志生活上艰苦朴素，却领养了三名在地震中失去父母的藏族孤儿，并为抚养他们三次献血；孔繁森同志认为廉政为民关键在于党员干部要身正纪严，在腐朽思想和不正之风面前要头脑清醒、立场坚定，敢于做硬碰硬的铁匠。孔繁森同志的日记中写得最多的就是思考工作、如何开展工作、工作成效如何。

在实践中学习弘扬孔繁森精神，就是要以孔繁森精神所体现的忠诚干净担当的政治品格为标尺，以孔繁森同志的形象、作风、行动为参照，学习他身上展现的牢固树立正确的世界观和人生观、努力为人民谋利益、坚持党和人民的利益高于一切以及艰苦奋斗、克己奉公等共产党人的优秀品质。

### （三）学习弘扬孔繁森精神要探索构建完善的教育机制

20 世纪 90 年代中后期，党内掀起了向孔繁森同志学习的高潮，但进入

21 世纪后，至党的十八大之前，向孔繁森同志学习活动处于平缓期。党的十八大以来，随着全面从严治党的展开和建设高素质干部队伍的新要求，需要在新时代再次把学习弘扬孔繁森精神推向高潮，形成学习的长效机制。

孔繁森精神是中国共产党人“不忘初心、牢记使命”全心全意为人民服务的真实呈现，受中华优秀传统文化、革命文化和社会主义先进文化的影响和熏陶，是马克思主义思想方法和工作方法的实践表现。学习孔繁森精神必须以制度的形式固定下来，在领导高度重视的前提下，编写关于孔繁森精神的相关教材，对各级党员干部进行培训，使孔繁森精神真正地入脑入心并转化为实际工作中的精神动力；要利用网络教育平台，将孔繁森同志事迹编成丰富的图文资料和宣传材料，为广大党员干部的思想教育提供充足生动的素材；要定期组织党员干部参观孔繁森同志纪念馆，在缅怀先烈的同时开展重温入党誓词等活动，进一步加强党员干部的思想教育；授予全心全意为人民服务的职能部门以孔繁森精神命名的光荣称号，并建立孔繁森精神学习示范点，通过树典型、树榜样的方法激励党员干部学习孔繁森精神。

孔繁森同志是当代领导干部的楷模，是聊城人民的光荣和骄傲，聊城的广大党员干部要以孔繁森精神作为党性教育和党性修养的必备素材，从思想意识上真正认同孔繁森精神，深入理解孔繁森精神形成的背景渊源、本质特征和时代内涵，在实际行动中充分展现共产党人的政治品格。

**参考文献：**

[1] 习近平. 在全国组织工作会议上的讲话 [M]. 北京：人民出版社，2018.

[2] 洪向华. 新时代高素质专业化干部队伍建设 [M]. 北京：中共党史出版社，2018.

[3] 牛保良. 中国共产党经典作家干部队伍建设的思想 [M]. 北京：中国社会科学出版社，2008.

[4] 邢志第，刘继孟. 孔繁森精神与干部价值观 [M]. 北京：中共中央党校出版社，1999.

[5] 邢志第，刘继孟．孔繁森价值观研究［M］．北京：中共中央党校出版社，1998.

[6] 雷保重．孔繁森的人生哲学［M］．济南：山东人民出版社，1997.

[7] 吉宣文．论孔繁森精神［J］．求是，1995（15）.

[8] 心鉴．在更深层面上揭示孔繁森精神的内涵［J］．发展论坛，1995（12）.

[9] 景均．孔繁森精神的本质特征与时代价值［J］．发展论坛，1995（7）.

[10] 王本槐．论孔繁森精神的丰厚基础［J］．黄冈师专学报（社会科学版），1995（4）.

[11] 梁建秀，孟宪堂．孔繁森廉政思想基础再探析［J］．聊城师范学院学报（哲学社会科学版），1996（4）.

[12] 赵君．从孔繁森看共产党人理想人格的社会效应——论孔繁森精神的时代价值及其现实转化［J］．福建学刊，1996（6）.

[13] 王发文，魏磊．从孔繁森的成长道路看跨世纪干部的培养［J］．发展论坛，1996（2）.

[14] 王立胜．论孔繁森精神的价值生成和价值涵量［J］．理论探讨，1996（4）.

[15] 史本成．论孔繁森精神的时代背景及实质［J］．山东社会科学，1997（1）.

[16] 史小华．孔繁森事迹的精神文化价值［J］．毛泽东思想研究，1997（1）.

[17] 李爱华．试论孔繁森的人生观［J］．东岳论丛，1997（2）.

[18] 中共山东省委组织部．从孔繁森看优秀领导干部的成长规律［J］．求是，1997（8）.

[19] 张盛忠．孔繁森精神的哲学意蕴［J］．理论学刊，2000（1）.

**课题组负责人**：周浩集

**成　　　员**：于学强　赵少峰　黄　昊

邓　广　刘琳琳　高　杉

孔祥云　孙　剑　李宇鹏

荆雨昕

# 孔繁森精神的核心是为民

## ——以与孔繁森交往实例为证

玄先昌

**摘要：** 孔繁森精神的核心是为民。本文结合与孔繁森交往的亲身经历，以实例为证，用事实说话，首先阐述为民是党员领导干部的鲜明底色。其次阐述践行为民是孔繁森的终身追求，具体表现为：为民结缘，始终保持拜人民为师的忠诚；为民出汗，始终保持带群众奋斗的担当；为民奔波，始终保持解群众忧苦的干净；为民解囊，始终保持为群众谋幸福的初心。最后阐述践行孔繁森为民精神的现实路径：一是见贤思齐，从细微处着手，立善心行善事；二是求真务实，在“常”“长”上下功夫，敢斗争善斗争。

**关键词：** 孔繁森精神；核心；为民

孔繁森精神的核心是什么？我认为，用一个字概括是“民”，用两个字概括是“为民”。“一个共产党员爱的最高境界是爱人民”，孔繁森同志牢记党全心全意为人民服务的宗旨，以热爱人民、服务人民的满腔热忱，为民解难、为民造福，是实至名归的“党员领导干部的楷模”。我结合与孔繁森交往的亲身经历，以实例为证，用事实说话，阐释孔繁森精神的核心是为民。

### 一、为民是党员领导干部的鲜明底色

“民”，指事字。此字始见于商代甲骨文，其字形像一只被刺伤的眼睛，表示由被刺瞎一只眼睛的战俘充当奴隶，后指平民、百姓。我国历史上常常

将“民”与“君”“官”“圣人”等相提并论，如“当官不给民做主，不如回家卖红薯”“民以君为心，君以民为体”（《礼记·缁衣》）。老子说“圣人无常心，以百姓心为心”。范仲淹《岳阳楼记》中则有“居庙堂之高则忧其民，处江湖之远则忧其君”。自古以来，封建统治者都把“民”视作蒙昧无知的群体，“民可使由之，不可使知之”。

中华人民共和国成立，使广大民众翻身做了主人，政治上的解放使“民”的含义发生了质的变化。全心全意为人民服务在毛泽东倡导下发展成为我们党执政的宗旨。可以说，离开了为民，中国共产党就失去了存在的意义。习近平总书记深谙为民之重要，始终把为民作为治国理政的价值追求。2012 年 11 月 15 日，刚刚当选总书记的习近平同志明确宣示“人民对美好生活的向往就是我们的奋斗目标”，从此走上了引领全党全面践行以人民为中心的发展思想的壮阔征程。

坚持党的群众路线，牢固树立群众观点，保持党同人民群众的血肉联系，始终与人民心连心、同呼吸、共命运，一直是社会主义建设、改革、发展直至新时代的最强音，更是孔繁森精神核心的最鲜明特点。

## 二、践行为民是孔繁森的终身追求

孔繁森说：“一个人爱的最高境界是爱别人，一个共产党员爱的最高境界是爱人民。”他在日记中写道：“为政之道在于安民，安民之道在于察其疾苦，为民解忧。”在我看来，孔繁森一生最大的优点是终生践行为民。他人缘好，与人为善，心里总是牵挂着别人，乐于帮助人。他为人民而活着，为人民而奋斗，为人民而献身。

一是为民结缘，始终保持拜人民为师的忠诚。身边人对孔繁森的评价首先是人缘好。第一次进藏前，他住在聊城老地委，每天骑自行车上班，进办公室我们常开玩笑问，今天路上遇到几个熟人，他常说七八个。上班后他办公室经常挤满人，有时他尚未到单位，办公室就挤满了人，因为他办公室的钥匙就放在门顶框上。下班后，他经常带我到他的老朋友、老同事家里看望。如地委组织部陈孝忠家就在地委办公楼北平房家属区，我们俩下班后经常到陈孝忠家吃大包子。他经常带我到医院看望郑福增、孙师瑞、李富武等专家大夫，带我到援藏回来的老领导郑经石、宋来军等家里看望。孔繁森进藏前夕，到地委家属院看望了我的父亲。孔繁森每次从西藏回来，我们都见面。1991 年春节后的一个晚上，天特别冷。半夜 12 点多了，我正熟睡，听到外边有按门铃的声音，但不愿去开门，因为当时我住在地区文化局平房家属院，院子很大，住室离露天大门近 20 米。但敲门声始终不断，那时又没有手机，我只好穿上衣服去开门。开门后我惊呆了，原来是孔繁森。这让我非常惊喜，原来孔繁森刚从济南回到聊城还没进家。他说："在济南听说你爱人病故，我来看看你。"进屋坐下后，我仔细打量孔繁森，他眼里布满了血丝，显得非常憔悴，脸庞颧骨突出，嘴唇增厚，滔滔不绝地讲起在西藏的情况，完全像电视上的西藏人。临走时，孔繁森留下一包东西，我打开一看，原来是西藏的雪莲花，这么远的路程还想着我，让我非常感动。从聊城到西藏，正是秉承着爱民、亲民的本性，孔繁森在担任拉萨市副市长期间，全市 56 所敬老院和社会福利院，他走访了 48 所，把党和政府的关怀、温暖送到孤寡老人和孩子的心田。实践证明，孔繁森终生践行为民。

二是为民献身，始终保持带领群众奋斗的担当。孔繁森的办公室在地委办公楼四楼东头，他到办公室第一件事就是拿着拖把擦地板，他从东往西擦，时任宣传部副部长赵连水从西往东擦，擦到两人对头为止。这样的义务劳动，孔繁森长年累月地坚持，从未间断。

1975 年 11 月，中共山东省委成立高唐农业学大寨工作团，团长由省委常委、共青团山东省委书记徐建春担任，副团长由省直部门领导刘毅（后任国家商业部部长、国家旅游局局长）、张刃庭（时任中共聊城地委常委、宣传部部长）担任。高唐农业学大寨工作团办公室主任由高昌礼（时任团省委宣传部部长，后任国家司法部部长）担任。我随张刃庭部长参加工作团办公室工作。农业学大寨工作团省直部门有 410 人，聊城市有 78 人。聊城负责赵寨子公社，包括东小、许寨、王辛庄、宋楼、解庄、蒋官屯六个大队。孔繁森（时任中共聊城地委宣传部副部长）任赵寨子公社工作队队长，王克玉（时任聊城地委宣传部副科长，后任中共山东省委常委、组织部部长、省人大常委会副主任）、杨广岳（时任聊城地区卫生局副局长，后任聊城地区中医院党委书记）协助孔繁森工作。11 月 21 日，工作团长会研究决定，工作团除留高昌礼主任值班外，其他同志全部下到公社。下午我随张部长从高唐到赵寨子，从此我和孔繁森、杨广岳、王克玉住在一起，孔繁森同志经常为我们洗衣服、擦自行车等。工作队员每人配备了一把铁锨，我们经常与社员一起参加劳动，后来，我们干脆都住到村里，与驻村队员吃住在一起。大队党支部在村里找了一处闲置的房子，工作组自带被褥、餐具，自己做饭，每人按标准缴纳生活费。我和张刃庭部长住到蒋官屯村，他的生活费该交多少，都是我向他要，在高唐一年都是这样。孔繁森开始住在王辛庄村，挖池塘、推土等脏活重活都抢着干。后来孔繁森走到哪里，干到哪里，住到哪里。在东小村和社员一起拉耙，孔繁森穿着大裤衩，光着脊梁，膀子上搭着一块大毛巾，一起拉耙的社员郝云星、郝庆友说：“孔部长，你使的劲太大、走得太快，我们跟不上，你把耙拉偏啦。”在赵寨子公社蹲点的一年时间里，孔繁森白天下地干活，晚上参加政治夜校学习。他整天乐呵呵，不知劳累。我翻阅当时写的日记发现，他几乎每天都分别到 6 个村参加劳动。如“1975 年 1 月 26 日，孔部长去解庄参加劳动”，“12 月 8 日到 11 日，四天在王辛庄参加平整土地”，“1976 年 7 月 16 日，孔、杨分别赴点，下午我与克玉去许寨”，“8 月 13 日中午，孔部长到蒋官屯参加二队积肥”，“9 月 25 日，孔、杨、王一块来蒋官屯参加二队夜战拉玉米秸，王科长（克玉）住下”……几乎每天如此。到 1976 年 10 月，农业学大寨工作结束，每人都带着自己的行李和铁锨在公社集合，大家的目光不自觉地集中在队长孔繁森身上，他的铁锨头最亮，剩得最短。联想到孔繁森两次进藏，历时十载，走到哪里干到哪里，和群众一起收割、打场、挖泥塘等，出力又出汗，他完全是一个带着群众干、干在群众前的普通劳动者。

回忆当时，由于生活比较艰苦，又夜以继日地工作、劳动，当兵出身、身体那么棒的孔繁森都累病了。我在日记里写道："6 月 3 日，孔部长去在平看病，他虽然有病，但从不休息，对工作总像一团火。"在他的影响带动下，我们几个跟着干，副队长杨广岳，我和王克玉两个大学毕业的青年人，都常常感到体力不支。

1995 年 12 月，我参加中共山东省委党校第二十九期县处级领导干部进修班，历时 3 个月。开学典礼上，时任省委常委、组织部部长王克玉在主席台就座，他看到了台下的我。散会时在会场门口相遇，他第一句话开玩笑地说："老玄，你还用来学习啊。"第二句话说："你通知宫本欣，让他管顿饭，叫上宋德福，我也去。"当时宫本欣任大众日报副总编，宋德福任广播电视厅副厅长，我又叫上在省委党校学习的几个县委副书记丁兴荣（莘县）、蒋保江（临清）、孙庆禄（高唐）、尹慧芹（东阿）和付中华（地区统计局局长）、郭金良（聊城电业局工会主席）等，在大众日报社餐厅吃饭。当时孔繁森同志刚刚去世，入座的同志都熟悉他，席间主要话题是谈论繁森同志。同志们在言语之间对他充满钦佩、赞扬，同时对他的去世感到惋惜，共同怀念与繁森同志相处的美好日子。我们曾在高唐包队的几个人说："当年在赵寨子，我们住在一起，他经常一大早不惊动我们，骑着自行车带着铁锹就走了，我们醒来后发现他不在，就问门岗值班员，繁森同志朝哪个方向走了，接着我们就带着铁锹急忙去追他。他带着我们干，累得身体出了问题，也把我们的身体都带病啦！""活着就干、死了就算"，从聊城的田间地头，到阿里全面振兴经济的宏伟蓝图，再到关于发展阿里经济的 12 条建议，一桩桩往事，彰显的是"跟着我干、追着我拼"的冲天干劲，证明孔繁森同志始终是带领群众流大汗、出大力的实干者。

三是为民奔波，始终保持解群众忧苦的干净。在包队工作期间，孔繁森很少在公社召开各工作组长会，为了传达上级会议精神，他总是起早贪黑，骑自行车跑到村里传达。至今，我们还传颂着"孔部长尝地瓜"的故事。有一天，天还没亮，他悄悄地骑上自行车出发了。第一站到解庄村，工作组的同志还没起床，他敲开门给工作组的同志传达上级会议精神。接着第二站到许寨村，工作组已吃过饭，大家问他：“吃饭了吗?”他说“吃了”，传达完上级会议精神，接着到第三个点王辛庄村。到达时已经十点多了，大家以为他吃饭了也没再让他，他接着传达上级会议精神。传达完，他饿得实在撑不了，看到锅里有煮的地瓜，就说“我尝尝你们煮的地瓜”，结果一尝就是好几块。在座的同志才醒悟过来，他还没吃饭，异口同声地问：“你还没吃饭啊?”孔繁森脸一红，默不作声。从此，我们都知道孔部长“虚荣心”强，落实上级精神的“紧迫感”更强。从鲁西平原到雪域高原，孔繁森一路奔波，在不到两年的时间里，阿里全地区 106 个乡，他跑遍了 98 个，行程 8 万多公里。

四是为民解囊，始终保持为群众谋幸福的初心。孔繁森在财务上并不富裕，甚至可以说囊中羞涩，但只要是群众有困难，他又会及时地慷慨解囊。1975 年至 1976 年，我与孔繁森在高唐包队的一年，也是我外甥女刘东平得肺结核在聊城结核医院住院的一年。开始时，孔繁森帮忙找医院领导、大夫办住院手续，后来孔繁森三次到医院看望并将自己节省的粮票送给刘东平。几十年来，外甥女经常谈起孔部长的恩情，至今不忘。孔繁森在西藏工作了 10 年，却很少向家里寄钱。他当时的月工资约为 1000 元——其中基本工资 400 多元，援藏补贴 500 元。这些援藏补贴，孔繁森都要换成 10 元的零钱。为什么要换成零钱呢？阿里处于西藏最偏远落后的西南边陲，老百姓生活比较贫穷。孔繁森每次下乡，看到小孩就给 10 元，看到老百姓家里很穷就给 10 元，看到孤寡老人就给 10 元，钱就这样一点点地分完了。所以，这 500 元钱与其说是发给孔繁森的补贴，还不如说是发给藏族群众的补贴。所以，孔繁森临终前身上仅剩下 8 元 6 角钱我完全相信。一分钱难倒英雄汉，囊中羞涩、生活拮据的孔繁森为了照顾收养的 3 个孤儿，曾 3 次以“洛珠”的名义献血 900 毫升，这种为民献血的无私蕴含着孔繁森对群众深深的爱。“冰山愈冷情愈热，耿耿忠心照雪山。”繁森进藏前让我山东大学的同学赵建国请书法大师蒋维崧先生写了一副对联：“是七尺男儿生能舍己，作千秋鬼雄死不还乡。”孔繁森一边欣赏一边说：“老赵，这次去西藏，如有不测，过春节时，求你为我弟摆放一碗水饺、一双筷子。”建国无言以对。即使是到了生命的尽头，孔繁森仍然奔波在去新疆塔城考察边境贸易的途中。50岁的孔繁森为民而死，虽逝犹荣!

## 三、践行孔繁森为民精神的现实路径

一是见贤思齐，从细微处着手，立善心行善事。《易经·系辞上》:“有亲则可久，有功则可大。可久则贤人之德，可大则贤人之业。”依我看，孔繁森所思、所做、所为，可称得上“贤人”。熟悉繁森的人有一个共识，宣传繁森的这些事迹都是事实，怎么宣传都不为过，但让我们学成孔繁森，很少有人能做到。为什么?因为我们没有孔繁森那种境界。在文章中，我回忆列举如此多的鲜活案例，就是要倡议，践行孔繁森精神，不仅有“高大上”的主旋律，更应该让孔繁森精神飞入寻常百姓家，融入百姓日常生活、融入百姓一言一行。

二是求真务实，在“常”“长”上下功夫，敢斗争善斗争。习近平总书记指出:“在高原上工作，最稀缺的是氧气，最宝贵的是精神。”西藏地区高寒缺氧，阿里地区又是“世界屋脊的屋脊”，谋发展、促复兴绝不是轻轻松松、敲锣打鼓就能实现的。践行孔繁森精神，需要敢于出击，敢战能胜。在新时代，研究阐释孔繁森精神应该常抓不懈，长久坚持，希望更多践行孔繁森为民精神的党员领导干部出现。

（玄先昌，聊城市文联原主席）

孔繁森精神的三重哲学内涵

孔繁森的世界观与方法论

孔繁森的境界感研究

对新时代践行孔繁森精神的哲学思考

# 孔繁森精神的三重哲学内涵①

陈跃瀚

**摘要：**新时代加强党性修养是我党应对复杂的执政环境提出的迫切要求。孔繁森精神蕴含“人性—德性—党性”三重哲学内涵。弘扬孔繁森精神，可以讲好三个故事，讲好“人”的故事以摒弃人性的自私，讲好“德”的故事以学习德性的模范，讲好“党”的故事以升华党性的觉悟，为新时代共产党员的党性修养提供新的认知与思考。

**关键词：**孔繁森精神；人性；德性；党性

2004年，在《执政意识和执政素质至关重要》一文中，习近平同志提出要求：“像领导干部的好榜样焦裕禄、孔繁森、郑培民等英模人物那样，做一个亲民爱民的公仆，做一个忠诚正直的党员，做一个靠得住、有本事、过得硬、不变质的领导干部。”孔繁森精神就是“信念坚定、为民服务、勤政务实、敢于担当、清正廉洁”②。新时代推进党的建设伟大工程，要以习近平新时代中国特色社会主义思想为指导，着眼于党的执政能力建设、先进性建设和纯洁性建设，坚持以人民为中心。这也是马克思主义唯物史观的历史传承

①本文受广东省普通高校人文社科重点研究基地当代中国马克思主义研究中心资助，系广东省高等学校思想政治教育研究会课题2017年一般项目“文化自信融入思想道德修养与法律基础课的路径研究——以讲好中国故事为例”（编号2017SZY033）和岭南师范学院校级教改项目“高校思想政治理论课2018年版新教材‘讲好中国故事’的教学研究与改革实践”（编号LSJG-SZ1803）的阶段性成果。

②习近平总书记在2013年全国组织工作会议上提出5句话20个字的“好干部标准”。

和创新发展，是我们党领导中国革命、建设和改革发展实践的经验总结，是中国共产党人不忘初心、牢记使命的时代要求。

弘扬孔繁森精神，可以从“人性—德性—党性”三个哲学层面进行阐释，强调孔繁森作为一个普通人的人格理想，作为一名共产党员的党性修养。这对新时代全面从严治党，提高党性修养，坚持不忘初心、牢记使命具有重要的现实指导意义。

## 一、讲好“人”的故事——摒弃人性的自私

“人性”是人与其他事物的本质区别。人既有自然属性，又有社会属性。马克思讲：“人的本质不是单个人所固有的抽象物，在其现实性上，它是一切社会关系的总和。”① 这说明人性的本质在于社会属性。现实中，不少人依旧强调人的自然属性，宣扬人的肉体存在及其需要是天性使然。因此，人性是自私的，“人不为己，天诛地灭”就是利己主义。利己主义者只关心自己的利益，而忽视了他人和集体的利益。这些人追求名利、财富、地位和享受，纯粹为了极端自私的个人目的。

作为一个有血有肉的人，孔繁森有其重视亲情的一面，为母亲梳头洗脚，为子能孝，为父能慈。另外，小摊上的拉面、衣服上的补丁、结婚时的平房……在吃穿住用行的细节处都能彰显孔繁森可贵的品质。讲好“人”的故事，才能讲好舍“小家”顾“大家”的故事。

共产党员理应在大是大非面前学会克己为人，廉洁奉公。现如今，许多人变成了“精致的利己主义者”，高智商、世俗化、善于表演、懂得合作。他们善于利用现有的规则和系统，只做“实用”的事，只交“有用”的人，一切都作为工具来达到目的。这种表现到一定程度便是个人主义，即以个人利

①中共中央马克思恩格斯列宁斯大林著作编译局．马克思恩格斯选集：第1卷［M］．北京：人民出版社，2012：60.

益为出发点和归宿的一种思想体系和道德原则，它主张个人本身就是目的，具有最高价值，社会和他人只是达到个人目的的手段。个人主义是生产资料私有制的产物，是资产阶级人生观的核心。在资产阶级革命的早期，在争取个人权利和自由、反对封建专制方面，个人主义具有一定的积极意义，但是一些敏锐的资产阶级思想家很早就已经意识到它同时还具有销蚀社会的一面。极端个人主义是个人主义的一种表现形式，它突出强调以个人为中心，在个人与他人、个人与社会的关系上表现为极端利己主义和狭隘功利主义。我们应旗帜鲜明地反对极端个人主义。

一个共产党员若是精致的利己主义者、极端个人主义者，危害极大。九千多万名党员中，有些党员没有先进性，没有起到先锋模范作用；有些党员忘记了入党的初心，那就谈不上时代先锋、民族脊梁。全面从严治党，要求加强社会主义核心价值观教育，像孔繁森那样做人，摒弃人性的自私，做到“德才兼备、又红又专”。

## 二、讲好“德”的故事——学习德性的模范

对共产党人而言，摒弃人性的自私是远远不够的。党员还必须要有高尚的德性，要不断升华自己的人性境界，上升到德性层面。从伦理学上看，德性是个性结构中可以进行善恶评价的那部分心理特质和行为方式，是指个体所具有的提升自己的道德境界和成就自己的理想道德人格的品质与特性，是个体具有的向善意愿、知善能力、为善勇气、履善行动等特性，以及获得的一种自觉的道德观念和道德意识。

毛泽东同志曾在1939年2月给张闻天的讨论陈伯达《孔子的哲学思想》的信中，这样评价孔子的“知仁勇”理论：“孔子的知（理论）既是不根于客观事实的，是独断的，观念论的，则其见之仁勇（实践），也必是仁于统治者一阶级而不仁于大众的；勇于压迫人民，勇于守卫封建制度，而不勇于为人民服务的。”这里提及儒家的德性在于知（智）、仁、勇为核心的“三达

德”，但在马克思主义唯物论看来，以仁为核心的“三达德”，有一定的阶级性。因此，毛泽东强调要用“历史的唯物论”加以批判，并从认识和实践两个方面指出了其主观唯心主义（知）和维护封建统治阶级的实质（仁、勇）。其基本论断是，马克思主义政党的德性要求“知”根于客观事实的实践，“仁”于大众，“勇”于为人民服务。

孔繁森第一次援藏，在岗巴工作 3 年，跑遍了全县的乡村、牧区；第二次援藏到任仅 4 个月的时间，他就跑遍了全市 8 个县区所有的公办学校和一半以上的村办小学。这是实践出真“知”。

孔繁森把有限的工资用到更困难的藏族同胞身上。作为一位长期在艰苦环境中工作生活的地委书记，他的清贫和节俭让人难以置信，他节衣缩食，连香皂也舍不得买，死后只留下几个纸箱子和仅有的八元六角钱。孔繁森对自己苛刻，对别人大方，这是克己为“仁”，更是“勇”于为人民服务。

从形而上层面来讲，其道德品质方面也许比单纯的才智成就方面更具重要性。从今天的角度看，孔繁森完全是一个自我激励和自我价值实现的完美典范。他当年自动、自发做到的事情，既符合当时的社会价值观，同样符合现今人们追求的人生理念。孔繁森精神在当代中国社会具有道德标准的地位，并且已经扎根在大多数公民的潜意识中。讲好“德”的故事，才能学习德性的模范。

从形而下层面来讲，孔繁森的故事具有现实的可行性，就是一切存在于时间和空间之中、又必定如此的东西，它是可感知、可实践、可操作的东西。说到底，孔繁森精神是一种提倡干到底的精神，即面对困难勇往直前、义无反顾、坚持不懈的进取精神和大无畏精神。任何一个人做任何事，必须先搞清楚为了什么，为了谁。因为人总是生活在现实社会之中，而现实社会又是由活生生的人组成，每个人都有各自的自我意识和利益要求，只有为这个社会中的人服务，才会被这个社会所接纳，才能做想做的事，这是前提，离开这个前提什么也做不了。不仅如此，一心一意为人民大众还会产生绵延不绝的动力和机会。

## 三、讲好“党”的故事——升华党性的觉悟

孔繁森的名言是：“一个人爱的最高境界是爱别人，一个共产党员爱的最高境界是爱人民。”这句话被习近平同志概括为广大党员干部应该学习和树立的五种崇高情感之一，称为“孔繁森同志的境界感”。具备“做人”的一般人性和达“德”之后，一个共产党员更应该具备无产阶级政党的“党性”。

所谓党性，从广义上讲，是一个政党固有的本质属性。中国共产党是中国工人阶级的先锋队，是中国各族人民利益的忠实代表，是中国特色社会主义事业的领导核心。刘少奇曾指出：“共产党员的党性，就是无产者阶级性最高而集中的表现，就是无产者本质的最高表现，就是无产阶级利益最高而集中的表现。共产党员的党性锻炼和修养，是党员本质的改造。”① 从狭义上讲，党性是指整个政党的固有本质投射于单个党员所呈现的个体特殊性，从而将党员个人的人性特征与党员的道德情操结合起来。党性一方面体现了党章规定的党的指导思想、根本宗旨、奋斗纲领、路线政策、组织原则、工作方法、工作作风，另一方面又体现了广大党员的理想信念、思想观念、道德品质，在学习、工作、生活中，党的性质、目标、宗旨、作风、道德等各方面要素在党员个人身上得以综合反映。

一般说来，党性的核心就是全心全意为人民服务，包括以下几个方面：(1) 以马列主义、毛泽东思想作为自己行动的指南；(2) 坚持党的最高纲领，愿意为共产主义奋斗到底；(3) 大公无私，全心全意为人民服务；(4) 具有严格的组织性、纪律性，保持思想上、政治上的高度一致，维护党的团结和统一；(5) 密切联系群众，坚持群众路线；(6) 认真开展批评与自我批评，勇于承认和改正自己的缺点和错误。

---

①中共中央文献研究室．刘少奇论党的建设［C］．北京：中央文献出版社，1991：224－225.

1992 年底，孔繁森第二次调藏工作期满，西藏自治区党委决定任命他为阿里地委书记，这一任命意味着孔繁森将继续留在西藏工作。面对人生之路的又一次重大选择，他毫不犹豫地服从了党的决定、人民的需要。讲好“党”的故事，才能升华党性的觉悟。党员干部要增强党性锻炼，个人利益服从于全党的利益，要以党章为遵循，以党员标准为对照，自觉为了党和人民，讲好党的故事。

从马克思恩格斯一起呐喊的“为绝大多数人谋利益”，到列宁“为千千万万劳动人民服务”，到毛泽东的“为人民服务”，再到习近平总书记提出的“以人民为中心”，坚持以人民为中心的发展思想是中国共产党人接续奋斗的宗旨和使命。我们党从诞生之日起，就把以人民为中心牢牢镌刻在自己的旗帜上。毛泽东 1939 年 2 月在党内首次提出为人民服务，1944 年发表《为人民服务》，党的七大将全心全意为人民服务写进党章，使之成为全党的根本宗旨。习近平总书记多次强调人民群众的主体地位，鲜明指出“人民是创造历史的动力，我们共产党人任何时候都不要忘记这个历史唯物主义最基本的道理”，并在不同场合多次阐述“全面建成小康社会，一个不能少；共同富裕路上，一个不能掉队”。近百年来，我们党始终坚持并忠实践行全心全意为人民服务这一根本宗旨，诚心诚意为人民谋利益，真正把以人民为中心的发展思想贯彻落实到党和国家事业发展的各项工作中，实现了中国人民从站起来、富起来到强起来的伟大飞跃。

新时代的前景之光明，挑战之艰巨，前所未有，为之奋斗，就要学习弘扬孔繁森精神，这是正在进行的伟大工程中不可或缺的精神力量。

（陈跃瀚，岭南师范学院马克思主义学院副教授）

# 孔繁森的世界观与方法论

郭东升

**摘要：**孔繁森马克思主义的世界观与方法论形成于他的青少年时代，萌芽于少年时代，定型于部队生活时期。1966年加入中国共产党，是他马克思主义世界观与方法论成熟的重要标志。孔繁森世界观与方法论的坚守与发展，最突出的表现在他的两次进藏支援我国边疆建设上。“远征西涯整十年，苦乐桑梓在高原。只为万家能团圆，九天云外有青山”的高原绝唱，彰显了他无限忠于党、彻底为人民的崇高品质。他把雷锋精神、焦裕禄精神发扬光大，放射出光芒万丈的孔繁森精神光辉。在共产党人如何投身改革开放上，他的世界观与方法论是我们不忘初心、牢记使命，加速实现聊城梦、中国梦的强大动力。

**关键词：**孔繁森；世界观；方法论

## 一、世界观与方法论的概念

世界观，《辞海》释义说：“人们对于整个世界的根本看法。在有阶级的社会里，世界观具有鲜明的阶级性。”“一般说来，唯物主义和辩证法是先进阶级和进步势力的世界观，对社会发展起着促进作用；唯心主义和形而上学是反动阶级和保守势力的世界观，对社会发展起着阻碍作用。辩证唯物主义和历史唯物主义是唯一科学的世界观，是无产阶级及其政党认识世界和改造世界的理论武器和科学方法。”方法论，《辞海》释义：“关于认识世界和改造世界的根本方法。方法论同世界观是统一的。用世界观去指导认识世界和改造世界，就是方法论。”“用辩证唯物主义的世界观去指导认识世界和改造世界，便是辩证唯物主义的方法论。辩证唯物主义是唯一科学的，又是唯一科学的方法论。”孔繁森的世界观与方法论无疑是马克思主义的，是辩证唯物主义和历史唯物主义的，他以辩证唯物主义世界观指导自己认识世界和改造世界，形成自己独特的思想方法。

## 二、孔繁森世界观与方法论的形成

任何事物都有一个形成发展的过程，孔繁森的世界观与方法论自然也不例外。笔者以为，孔繁森马克思主义的世界观与方法论形成于他的青少年时代。其形成阶段又可以分为萌芽阶段和初步定型阶段，萌芽阶段应是在其少年时代，定型阶段则在其参军入伍时期。孔繁森少年时代无产阶级世界观的萌芽，得益于他的生活环境。其环境之一，他的父母忠厚淳朴，他萌发了善良忠厚的思想乳芽。其环境之二，社会环境影响，他小时候爱听故事，五里墩的饲养员经常给他讲正能量的故事。比如，讲包公铡陈世美的故事，讲岳飞、文天祥、海瑞的故事。这些故事，在思想上充满着爱国、敬业、诚信、友善的中华优秀传统美德，引起孔繁森的强烈共鸣，社会主义核心价值观个人层面之精神在他幼小的心灵里开始萌芽生根了。孔繁森小时候就对讲故事的饲养员说：“二叔，俺长大了也要当清官，为老百姓办事，像包公一样!”他不说铡陈世美，他说当官像包公那样，为老百姓办事，这就非常不简单。其环境之三，学校教育环境的影响，孔繁森小学时代学习的语文教材，很多内容都是红色记忆。比如《朱德的扁担》，教给他共产党人为人民不怕牺牲、艰苦奋斗，人民军队官兵一致，总司令也是普通一兵的思想。小学课本中，董存瑞、黄继光、邱少云、罗盛教等烈士英模，被他树为人生楷模，是他世界观与方法论的样板。他学习他们，模仿他们。10 余岁的他，看见村边一位 70 余岁的老奶奶打水摔伤，就背起老人，走五六里路把老人送到堂邑镇医院治疗。之后，他又组织一群小伙伴到老人家里打水扫院子，照料老人的衣食住行。1958 年，他不过 14 岁，在同父老乡亲一块深翻地时，感受到农民落后的体力劳动的辛苦，想到用电气化从事农业生产，便立志要做一名电业工人。为农业、农村、农民的电气化而奋斗，这就是孔繁森一个新中国少年的世界观。他立说立行，当年就考取了聊城技工学校，为实现农业电气化学习科学知识、专业技能，这就是少年孔繁森最初形态的方法论。他在技校，刻苦学习，成绩名列前茅。他帮助同学洗衣服，自己饿肚子省饭票帮同学，这一世界观方法论不断发展。

孔繁森世界观与方法论的定型，应是在人民军队里。在人民解放军这所大学校里，他在徐诚、马从忻、张耀汉等老红军、老八路革命老前辈的言传身教中，迅速形成共产主义世界观。这个时期，他努力学习马列主义、毛泽东思想，特别是阅读毛主席的经典著作，这些对其世界观的升华是至关重要的。1964 年，他被评为济南军区学习毛主席著作积极分子，可见其世界观方法论的飞跃程度。1966 年 9 月，他加入了中国共产党，这是他马克思主义世界观方法论成熟的重要标志。

## 三、孔繁森世界观与方法论的坚守与发展

一个人的世界观和方法论总是动态的，可能从唯心主义、形而上学转变为辩证唯物主义，也可能从辩证唯物主义倒退到唯心主义、形而上学。就是一个彻底的辩证唯物主义者，其世界观和方法论也是动态的，变化发展的，必然会沿着其人生的正确方向，不断向新的思想行为高度发展。孔繁森的马克思主义世界观和方法论就是坚持正确方向，不断发展的。他从部队复员到地方，在聊城地区技工学校的校办工厂工作。生病的状态下，他还顶着 40 摄氏度高温天气，积极参加浇铸车间的义务劳动，抢脏活，干累活，抬着 60 多公斤的铁水包小跑。他不肯休息，直到昏倒在大炉铁板上。这就是他的世界观和方法论——劳动创造世界，劳动光荣，共产党员应该是起模范带头作用

的劳动者。孔繁森熟读过《钢铁是怎样炼成的》，并且为书中主人公的共产主义精神流过泪水。他人在抬钢水，心在说："我的整个生命和全部精力，都在献给世界上最壮丽的事业——为人类的解放而斗争。"这就是从部队复员后的孔繁森的境界。人在做，天在看，这里的天，就是领导党政军民学、东西南北中的中国共产党。中共聊城地委发现了孔繁森，任命他为聊城地委宣传部副部长。他成了县级干部，地位大变，但他为党、为人民工作服务的世界观和方法论没有变。1975 年 11 月，他带领由 30 多个地直干部组成的农村工作队到高唐县赵寨子，帮助这里的 6 个贫困村。孔繁森驻王辛庄村，为了帮助该村增产脱贫，他深入群众，调查研究，拿出挖水渠治碱、挖坑塘、栽芦苇、栽树的一套脱贫治理方案，并带头付诸实施。大冬天，他脱去棉衣，挖渠挖沟，率领群众完成了王辛庄村水利配套工程，拔除了村子土地沙化碱化的根。他组织村里的群众在河渠上栽下 1 万多棵毛白杨，在村里栽下 2 万多棵柳树，在水渠边 200 多亩河滩地里种上芦苇。一年的时间，王辛庄的粮食亩产就达到了 400 多斤。在那个年代，在农村生产大锅饭、农民生产积极性不高的情况下，孔繁森没有怨天尤人、无所作为，而是勇担党员领导干部责任，高度重视解决人民生活疾苦问题，因势利导，因地制宜，身体力行，有所作为。这就是走上县级领导干部岗位之后，孔繁森的世界观和方法论。

孔繁森坚守发展马克思主义的世界观和方法论，集中表现在他两次进藏支援我国边疆建设上。1979 年 7 月，他自己主动报名带头响应党的号召，赴西藏支边。到西藏工作，无疑是去最艰苦的地方，做最艰苦的工作，思想觉悟不高的有些人把这叫作"发配"，在孔繁森看来，这却是他生命诺言的题中应有之义。他念念不忘保尔·柯察金的话："我的整个生命和全部精力，都已经献给世界上最壮丽的事业——为人类的解放而斗争。"他念念不忘吴运铎用自己的人生书写的《把一切献给党》。他念念不忘毛主席教导的"什么叫工作？工作就是斗争。哪些地方有困难、有问题，需要我们去解决。我们是为着解决困难去工作、去斗争的。越是困难的地方越是要去，这才是好同志"。这就是孔繁森，一个县级领导干部对世界观方法论的高尚坚守。

孔繁森马克思主义世界观与方法论的发扬光大，体现在他的二次进藏上。1988 年，担任聊城行署副专员的他，坚决服从党的安排，再次带队赴藏支边。中共山东省委知道孔繁森的身体状况和家庭困难，不忍心做出让他进藏的决定，又因为依照人才条件的选择，带队赴藏非他莫属，便采取先和他商量再做出决定的办法。孔繁森对党的安排，义无反顾。他的一位老同事加朋友警告他，以他的身体状况，难以再适应西藏的生活环境，怕他有生命之虞，竭力劝他放弃二次进藏之想。他用小说《红岩》中的一副对联向朋友表达自己的心迹："是七尺男儿生能舍己；作千秋鬼雄死不还乡。"朋友的担心是实实在在的，孔繁森的豪言壮语也是字字千金。他二次进藏出色地完成了任务。就在他完成二次进藏任务，要返回聊城之际，中共西藏自治区党委要他继续留下来，担任中共阿里地委书记，在海拔 5000 多米，面积 30 多万平方公里，全国最为偏远贫穷的地区工作时，他仍是义无反顾。从进藏的第一天起，他就吟出"青山处处埋忠骨，一腔热血洒高原"的英雄诗句。临终之前，他还唱出"远征西涯整十年，苦乐桑梓在高原。只为万家能团圆，九天云外有青山"的豪迈诗句，彰显了他无限忠于党、彻底为人民的崇高品质。孔繁森的英雄诗句是英雄用生命写成的。他进藏十年，数度九死一生。第一次进藏，他担任岗巴县委副书记，3 年走遍 4700 米高原的山山水水。有一次，他从马上摔下来，跌入深沟，因重度脑震荡而昏迷，幸被藏民发现救起。二次入藏后的 1989 年，他下乡途中遭遇车祸，身负重伤，生命垂危，西藏军区总医院奋战十几个昼夜才把他从死神身边夺回来。1994 年 2 月 27 日，他带人到海拔 5100—5700 米的旧仓乡和曲仓乡察看灾情，随员陆续病倒，身边只剩一个公务员小梁。夜宿帐篷，他头如锥子扎，胸闷近于气绝，又痔疮发作，血脓不止，就挣扎起来，给小梁写下四点遗嘱，其中第四点是："我死在这里，就埋在这里，丧事从简。"孔繁森为党做工作，为人民服务，不避生死的方法论达到了如此境界！

孔繁森同志担任阿里地委书记，立志要把阿里这一偏远、高寒、全国第一贫穷的地区建设成社会主义富美家园、令人神往之边关。他为阿里地区党校学员上党课时说："大规模的西部边疆开发将是 21 世纪中国持续繁荣的强劲动力。阿里的贫穷是我们的耻辱。率领群众脱贫致富是我们的天职。""既要看到阿里地区条件差的局限性，又要认清阿里地区得天独厚的发展优势。"他以喜马拉雅山珠穆朗玛峰般的豪情向阿里各级干部勾勒出阿里经济快速发展、阿里大有希望的建设蓝图。制约阿里经济发展的第一瓶颈是能源，阿里是全国唯一的无电区。1980 年初，投资 5000 万元的朗久地热站，断断续续发了不到一个月的电就瘫痪了。阿里措勤县唯一的羊绒加工厂经营不善，导致十几元一斤的羊绒没法生产，只能往外卖 4.8 元一斤的羊毛。能源问题让阿里的工业建设无从谈起。孔繁森通过调查研究，贷款 660 万元，将地热发电站修复，重新发电。孔繁森策划阿里的农业生产结构改革，策划阿里的生态旅游资源建设和开发。在高入云天的冈底斯山上，他喝着刚从河里提来的冷水说："将来咱们在这儿建座矿泉水厂，把咱们阿里的神水打向国际市场。""就叫冈底斯神水。" "干脆就写上，喝了咱们的水，返老还童，还长生不老。"这似是玩笑，却充满了一个无产阶级革命家的智慧与豪情。在他的世界里，阿里是他最美丽的故乡，阿里处处是发展商机。阿里是祖国的边疆，更是对外改革开放的前沿。2018 年 12 月 18 日，党中央、国务院授予孔繁森同志"改革先锋"称号，颁授他"改革先锋"奖章。可以说，担任阿里地委书记，孔繁森的马克思主义世界观与方法论发展到了顶峰。

## 四、孔繁森世界观与方法论的重大启示

孔繁森是新中国三大榜样人物之一。伟大的共产主义战士雷锋、县委书记的榜样焦裕禄是他一生学习的榜样。他把雷锋精神、焦裕禄精神发扬光大，放射出光芒万丈的孔繁森精神光辉。在世界观与方法论上，他的模范行为始终在为我们上课。在他所处的改革开放年代里，我们党内一些人，弱化党的领导，削弱党内马克思主义信仰教育，甚至提出"腐败是改革的润滑油"的奇谈怪论。党的宗旨被一些人遗忘，党的纪律被一些人抛在脑后，他们大吃

大喝，买官卖官，以权谋私，脱离群众，给党抹黑。毛主席说过：反潮流是马列主义的一个原则。面对这一切，孔繁森是一位英勇无畏的反潮流战士。作为拉萨市副市长、中共阿里地委书记，他凭着在济南军区总医院业余学习的医学知识，背着自制的小药箱，一面开展工作一面为广大藏族牧民诊脉、打针、送药。药箱里的药，用他自己的工资买。这让人想起鲁迅先生的话："我吃的是草，挤出来的是牛奶。"孔繁森身为共产党的高级干部，呼吸的氧气含量不到平原地区的三分之一，还不断把工资花在青藏高原上，把鲜血献给西藏人民。他说自己这样做是为了让人民体会党的温暖、社会主义的优越性。不忘初心、牢记使命，孔繁森可谓做到了极致。在共产党人如何投身改革开放上，他的世界观与方法论也在为我们上课。他规划的阿里地区的美好发展蓝图，向我们展示了一个伟大无产阶级革命者实干兴邦的气魄。

"出师未捷身先死，长使英雄泪满襟。"孔繁森去了，但中国共产党人，中华优秀儿女永远都是前仆后继，一往无前的。有孔繁森精神在，30 万平方公里的阿里梦，8600 平方公里的聊城梦，960 多万平方公里的中国梦就会加速实现。

**参考文献：**

[1] 李印中．孔繁森的故事［M］．济南：山东人民出版社，1995.

（郭东升，临清市档案馆研究馆员）

# 孔繁森的境界感研究

邹庆国　李宣志

**摘要：** 2003 年 7 月，时任浙江省委书记的习近平同志从“情为民所系”的角度提出了要学习和树立“孔繁森同志的境界感”的重要命题。孔繁森的境界感可从为民服务的公仆观、艰苦朴素的苦乐观、权为民用的权力观、克己奉公的公私观、非义不取的名利观、胸襟坦荡的得失观等六个方面进行探讨。在新时代，孔繁森的境界感是共产党人站稳人民立场的情感取向、情感动力与情感纽带，回答了“依靠谁”“为了谁”“我是谁”的问题。

**关键词：** 孔繁森；境界感；人民情怀

孔繁森是改革开放新时期涌现出的党的优秀干部，被称为“领导干部的楷模”，被评为“100 位新中国成立以来感动中国人物”，并被授予“模范共产党员”“改革先锋”等称号。在孔繁森为民服务的实践过程中，形成了以爱人民为核心的独特境界感，成为新时代党员干部坚定人民至上立场的价值导向。

## 一、孔繁森的境界感的提出

2002 年 12 月 6 日，党的十六大闭幕不久，胡锦涛同志便来到革命圣地西柏坡进行考察，回顾党带领人民进行伟大革命斗争的历史，重温毛泽东同志在党的七届二中全会上的重要讲话。在此次考察中，针对中国共产党与人民群众的关系问题，胡锦涛指出“各级领导干部要做到权为民所用，情为民所系，利为民所谋”①。其中，着重强调党员干部与人民群众的情感联系的论述就是“情为民所系”，这一论述明确指出党员干部要与人民群众建立起深厚的情感联系，将人民群众放在第一位，发自内心地热爱人民群众，真心实意地为人民服务。“情为民所系”这一论述后来写入了党的十六届四中全会决议和党的十七大报告，并在党的十七大通过的《中国共产党章程（修正案）》中明确写入党章。

2003年7月17日，在全党深入学习党的十六大精神的背景下，时任浙江省委书记的习近平同志发表署名文章《树立五种崇高情感》。他指出：“要做到情为民所系，就要以党的先进人物为榜样，培养和增强对人民群众的深厚感情，学习和树立五种崇高的情感。一要学习邓小平同志的情怀感。他说：‘我是中国人民的儿子，我深情地爱着我的祖国和人民。’二要学习雷锋同志的幸福感。他虽然只活了22年，但他说：‘什么是幸福？为人民服务是最大的幸福。’三要学习孔繁森同志的境界感。他有一句名言：‘爱的最高境界就是爱人民。’四要学习郑培民同志的责任感。他始终把‘做官先做人，万事民为先’作为自己的行为准则。五要学习钱学森同志的光荣感。他把群众的口碑当作自己无上的光荣。”② 这五种情感是习近平从不同角度、不同层次对“情为民所系”这一原则的深刻阐述，具有丰富内涵和重要价值，其中就包括了“孔繁森同志的境界感”。

在浙江工作期间，习近平同志坚守人民立场，以其崇高的党性觉悟和为民境界，形成了独特而深厚的人民情怀。为实现浙江的转型发展和区域现代化建设，习近平与浙江省委提出了浙江发展的“八八战略”，充分体现了以人民为中心的发展思想。刚担任浙江省委书记时，习近平同志就深入一线、下乡调研，足迹遍布浙江每个县区，在与人民群众的互动中不断升华人民情怀。面对改革开放时期部分党员干部受到拜金主义和享乐主义的侵蚀，背离执政

①权为民所用［N］．光明日报，2003-02-10.
②习近平．之江新语［M］．杭州：浙江人民出版社，2007：7.

为民宗旨的现象，习近平深刻指出“作为执政党，党员干部与人民群众的关系就是公仆与主人的关系。离开了人民，我们将一无所有、一事无成；背离了人民的利益，我们这些公仆就会被历史淘汰”①。由此可见，对人民群众的深厚感情已经深深烙印在习近平同志的思想境界中，是形成“我将无我，不负人民”的人民情怀的重要基础。从共产党人政治情感的角度讲，孔繁森的境界感与习近平“我将无我，不负人民”的人民情怀是高度一致的，是共产党人政治情感的历史赓续与价值跃迁。

## 二、孔繁森的境界感的基本内涵

作为共产党人政治情感的孔繁森同志的境界感，蕴含着政治伦理的原则和标准，必须在公与私、情与法、苦与乐、俭与奢等一系列政治与道德关系中考察，才具有实际意义。

### （一）为民服务的公仆观

为人民而奋斗，为人民而献身，在感情的天平上，始终将砝码放在人民一边，这是孔繁森真挚而纯洁的公仆情怀。孔繁森在西藏工作十年，为西藏人民无私奉献，获得了西藏人民的一致拥护与爱戴。

孔繁森以改善藏族人民生活状况为己任，赴藏工作不仅是党的安排，更是他毕生的使命和挚爱的事业。他走访群众必备药箱，自费为牧民治病买药，卖血为藏族孤儿增加营养。孔繁森下乡调研有“四必到”：必到学校，必到敬老院，必到边防哨卡，必到贫困家庭。没有调查就没有发言权，深入基层考察才能真正想人民所想，急人民所急。上任阿里地委书记后，孔繁森在不到两年的时间里，跑遍了全地区 106 个乡的 98 个，行程达 8 万多公里，他不辞辛劳，风雨无阻，只为心中最牵挂的百姓。孔繁森始终认为自己是“党的人”

---

①习近平．之江新语［M］．杭州：浙江人民出版社，2007：216.

“人民的牛”“人民的公仆”。作为改革开放新时期的模范共产党员，孔繁森始终坚持不懈地践行着共产党人的初心使命，把对人民群众的热爱融入改革开放和社会主义现代化的建设之中，始终坚守为民服务的公仆情怀。

### （二）艰苦朴素的苦乐观

党的百年历史一再表明，共产党人不怕吃苦、乐于吃苦的优秀品质是取得革命、建设和改革伟大胜利的重要保证。以苦为乐、以苦为荣，为党和人民的事业鞠躬尽瘁是中国共产党苦乐观的集中体现。在雪域高原，孔繁森与西藏人民共同拼搏奋斗，改变落后面貌。这种艰苦朴素的道德情操是共产党人的政治本色。

孔繁森甘愿放弃优越条件，选择到艰苦的地方、复杂的环境里摔打磨炼。他把吃苦当作一种责任、一种追求、一种担当，丝毫不贪图物质享受。1979年，时任聊城地委宣传部副部长的孔繁森年轻有为，留在聊城发展，可以做到家庭事业两不误，前途光明。但当他得知援藏消息后立刻报名，毫不犹豫地奔赴远在千里的岗巴县。两次援藏期满后，组织安排他去西藏最艰苦的阿里地区任职。阿里地处西藏西北部，地广人稀，最低温度达零下40多摄氏度，每年7级至8级大风天气占140天以上，艰苦的生活条件使许多人望而却步，但孔繁森仍然选择“逆行”。孔繁森把一切苦难、压力当成财富，他深知幸福是奋斗出来的，快乐是耕耘出来的。孔繁森一生廉洁，在工作中任劳任怨，在生活中克勤克俭，吃馒头咸菜，穿补丁衣服，以苦为乐。苦在自己，甜在人民，利在国家，这是党员干部应有的情操和境界。

### （三）权为民用的权力观

一百年以来，中国共产党始终秉持“立党为公，执政为民”的权力观。孔繁森用自身行动回答了权为谁所用、利为谁所谋的问题，他以自身的责任和担当，真正做到了到群众中去，权为民所用，利为民所谋。

孔繁森在担任地方主要领导干部时，多次有人将钱送到他面前，希望他在工程项目上加以关照，但都被他严厉批评后拒绝了。在民族自治地区，领导干部的自由裁量权更大，孔繁森却能做到洁己从公。两袖清风存正气，一腔热血为人民，孔繁森公正用权、依法用权、为民用权、廉洁用权，永葆共产党人拒腐蚀、永不沾的政治本色。居官自律，清正廉洁，以权谋公，恪尽职守，是孔繁森同志的权力观，他在给女儿的信中写道："阿里地委书记这个称谓不仅是一个职务，一份履历，更是一份责任，一副担子，我身负党的重任，不能顾小家、舍大家，我要用实际行动证明党的干部是真正为人民服务的。"孔繁森牢记权力是人民给的，是用来为人民服务的。他始终坚守人民立场，以人民群众的难点、痛点、堵点作为工作的切入点，如解决太阳灶问题、炒青稞设备问题等群众的操心事。孔繁森从不把权力作为捞取个人好处的资本，终生廉洁自律，努力为人民掌好权、用好权。

### （四）克己奉公的公私观

1966 年，孔繁森加入中国共产党，他在入党志愿书中写道：为了人民、为了党，上刀山、下火海，自己也在所不辞、心甘情愿！孔繁森将个人利益置之度外，为工作为人民殚精竭虑、呕心沥血，直至献出宝贵的生命。这种克己奉公的公私观，是孔繁森的境界感所蕴含的崇高党性品格的集中展现。

无私奉献、天下为公是孔繁森工作及生活的真实写照。寒冬腊月，孔繁森见百姓衣着单薄，便毫不犹豫送出自己的毛衣毛裤，自己冻得直打哆嗦；他下乡遇到贫困人家，便掏出口袋里的钱送给他们，有多少就给多少；看到老人双脚冻得红肿，便把老人冰凉的脚放到自己的胸膛用体温焐热。孔繁森常说这样一句话"咱不能沾公家的光"。他对假公济私、徇私舞弊的行为深恶痛绝。心系百姓、乐善好施的孔繁森很需要钱，却从未打过公款的主意。儿子孔杰进藏探望他，他要求儿子必须向食堂交纳伙食费，儿子返程的车费还是孔繁森向同事借的。常怀律己之心，常修为政之德，常念贪恋之害，淡泊名利、公私分明是孔繁森鲜明的生活和工作底色。他始终坚持个人利益服从党和人民的根本利益，把党和人民的利益摆在个人问题乃至个人生死安危前面，做到顾全大局、克己奉公，永葆共产党人的浩然正气。

### （五）非义不取的名利观

义与利的问题是共产党人必然面临的问题，也是必须要处理好的重要问题。孔繁森在面临名利的诱惑时，毅然选择了非义不取、为义舍利的人生态度。“个人名利淡如水，党的事业重如山。”讲求“非义不取”的名利观，并不意味着党员干部不要“名”、不要“利”。孔繁森所要的“名”，是全心全意为人民服务的清正廉洁之名；所要的利，是阿里地区人民群众的幸福之利。

孔繁森家有老母亲，妻子身体患病，子女尚未成年，但是他仍然选择进藏工作，特别是第二次援藏期满时，孔繁森自身也患有多种慢性疾病，高原生活使他的心脏变得肥大，无论是身体状况还是家庭需要，返回山东的安排顺理成章，同时也是个人的利之所在。但是当自治区党组织决定让他留下时，面对个人之利与集体之义的抉择，他还是毅然决定服从组织安排，选择出任阿里地区党委书记。孔繁森从不计较名利，为了人民的利益，他放弃了舒适的工作岗位，放弃了丰厚的个人收入，毅然奔向满怀期望的人民群众。名利是一把“双刃剑”，不能正确对待，锋刃就会伤己害人。孔繁森非义不取的名利观为新时代的党员干部提供了行动的标尺。他不图私利、不求虚名，以鞠躬尽瘁、死而后已的实际行动，换来阿里地区人民之利；他视个人名利如浮云，视党和人民的事业为泰山，其品格志趣为党员干部树立起了行动的标杆。

### （六）胸襟坦荡的得失观

得失观是共产党人为人处世的重要观念，如何处理好得与失的关系是每个共产党员都必须要深入思考的问题。孔繁森在近三十年的从政生涯中，不论是在西藏还是在山东，面对得与失的选择困境，始终以坦荡的胸襟和党性的要求作为判断标准，做到淡泊名利、笑看得失。在他二次援藏期间，妻子王庆芝带着孩子奔赴雪域高原看望他，用平时省下的钱为他带来了衣服、棉鞋、罐头等生活用品，希望他在高原能够生活得舒适一些，但是孔繁森却将这些来自家乡的生活用品和食品捐赠给了堆龙德庆区福利院的老人和孤儿们，还劝说妻子要理解藏族人民生活艰苦，多为藏族人民做出贡献。这些日常生活中的小事从细微处展现了孔繁森在面对“得”与“失”时的人生态度与价值选择，那就是宁可自己“失”，也要让人民“得”，而人民的“得”就是孔繁森自己的“得”。

党员干部在为人处世、为官从政中不计得失，需要的是坚定的人民立场和集体主义的价值判断，需要的是高度的思想觉悟和坚强的党性，需要的是平和淡雅的心态和宽广的胸怀。孔繁森襟怀坦荡的得失观是共产党人处理得失关系的典范，是孔繁森在改革开放新时期的建设实践中为党留下的宝贵思想财富。

## 三、孔繁森的境界感的时代价值

中国特色社会主义新时代，以习近平同志为核心的党中央始终坚持人民至上原则，高度重视人民立场的秉持、人民情怀的涵养。以爱人民为核心的孔繁森的境界感，具有跨越时空的价值启迪，是新时代共产党人站稳人民立场的情感取向、情感动力与情感纽带，回答了“依靠谁”“为了谁”“我是谁”的问题。

### （一）孔繁森的境界感体现出以人民为中心的情感取向

人民立场是党的根本政治立场，人民群众是党的力量源泉。近代以来，党走过了百年征程，在这个过程中完成的时代任务、取得的辉煌成就、创造的伟大奇迹，无不依靠人民群众的支持和奋斗。党在长期实践中与人民群众建立了不可分割的血肉联系，人民至上的立场至今仍然是党治国理政的重要法宝，是推进社会主义现代化建设的根本旨归，是实现中华民族伟大复兴的题中之义。因此无论是从历史发展维度还是实践维度上看，爱人民都是共产党人坚持人民立场的情感取向。在这种情感取向下，一代代共产党人矢志不渝、奋飞不辍，牢记人民是共产党的“根”，人民立场是共产党的“魂”，使党在革命、建设、改革的进程中日益成为中国人民拥护支持的主心骨，汇聚起人民群众的磅礴力量。孔繁森的境界感这一情感取向，清晰地昭示了中国共产党的人民立场，深刻回答了“我是谁”的问题。

### （二）孔繁森的境界感生成造福人民的情感动力

“为什么人”的问题是判断马克思主义政党的根本标准。作为使命型政党，中国共产党自成立起就牢牢抓住这一根本问题，将民族独立、人民解放和民族复兴、人民幸福作为自己的初心和使命，并坚定不移地践行这一使命。正是因为对人民的大爱，中国共产党人才时时刻刻将人民所需、人民追求当作头等大事。进入新时代以来，党带领人民打赢了脱贫攻坚战，全面建成了小康社会；面对席卷全球的新冠肺炎疫情，坚持“人民至上、生命至上”的防控原则；针对新的国内外条件，及时提出社会矛盾的转变并开启了社会主义现代化建设新征程。这些不同层面、不同维度的行为无不是为民造福的集中体现，无不体现了中国共产党对人民的深情大爱。孔繁森的境界感所蕴含的情感动力驱动着广大党员干部坚持人民至上，主动解决人民群众急难愁盼的问题，主动将人民群众的向往作为自己的目标，以实际行动回答“为了谁”的问题。

### （三）孔繁森的境界感是凝聚社会主义现代化建设力量的情感纽带

以马克思主义为指导思想的中国共产党人深深地知道，人民群众是历史的创造者，是社会生活中一切实践活动的主体。悠久的中国历史、灿烂的中华文明和崇高的民族精神都是由人民书写、人民创造、人民培育的。中国共产党在过去的百年征程中能够取得新民主主义革命胜利、社会主义革命胜利、社会主义建设和改革开放的伟大成就，无不是依靠人民的力量，无不是赢得了人民的支持。过去的伟大事业由人民缔造，未来的伟大梦想也要依靠人民实现。实现伟大梦想需要凝聚起全国各族人民的磅礴力量，需要激发各行各业人民群众的创造力和行动力，这就要求共产党人坚定人民立场，树立爱人民的政治情感，通过孔繁森的境界感这一情感纽带，建立起与人民群众的情感共鸣，树立人民至上的公仆意识，切实打造一心为民的为政观念，主动做到贴近群众、服务群众、团结群众，从而凝聚起建设社会主义现代化的人民力量，真正回答“依靠谁”的问题。

### （四）孔繁森的境界感与习近平“我将无我，不负人民”的人民情怀的同频共振

孔繁森的境界感的核心内容就是爱人民。孔繁森对人民的爱是无私的。他将自己完全交给了党、奉献给了人民，自己不谋一丝一毫的私利，将人民的利益和集体的利益作为自身的价值追求，一心想要为民谋福、为民办事。2019年3月22日下午，习近平总书记会见意大利众议院众议长菲科。菲科问道：“您当选中国国家主席的时候，是一种什么样的心情？”习近平总书记沉静而充满力量地说：“这么大一个国家，责任非常重、工作非常艰巨。我将无我，不负人民。我愿意做到一个‘无我’的状态，为中国的发展奉献自己。”孔繁森的境界感，与“我将无我，不负人民”的人民情怀是高度契合的。孔繁森的境界感这一命题，是由习近平同志提出的，他对孔繁森的事迹十分熟悉，曾多次在公开场合提到。可以说，孔繁森的境界感与习近平同志的人民情怀在社会主义现代化建设中产生了同频共振，二者都是高度凝练的政治情感。思想蕴含感情，感情激发思想。习近平总书记对人民的情感、为人民的担当，浸透在习近平新时代中国特色社会主义思想之中。人民性是习近平新时代中国特色社会主义思想的根本属性。人民情怀是这一思想的显著特征，彰显了人民创造历史、人民是真正英雄的唯物史观，以人为本、人民至上的价值取向，立党为公、执政为民的执政理念。在中国共产党精神谱系中深化对人民性和人民情怀的认识，是我们今天探讨孔繁森同志的境界感的重要基点。情感是实践的升华，一代又一代共产党人必定会立足于人民至上的政治立场，在新时代服务人民的伟大实践中，产生更多的情感样态，不断丰富中国共产党人的精神宝库。

（邹庆国、李宣志，聊城大学）

# 对新时代践行孔繁森精神的哲学思考

孟祥贵

**摘要：** 伟大的时代实践产生了伟大精神，伟大精神又会推动伟大事业的发展。孔繁森精神是时代实践的产物，鼓舞了一代又一代的中国共产党人带领人民群众艰苦奋斗，取得了伟大的成就。今天，站在全面建成小康社会的门槛上放眼未来，我们在建设社会主义现代化新聊城的新征程上，需要更好地传承和践行孔繁森精神，凝心聚力、砥砺前行。本文从哲学视角，从认识孔繁森精神过不过时、站在人民的立场看孔繁森精神的核心价值在哪里、从保持孔繁森精神旺盛的生命力的角度看如何践行孔繁森精神三大方面论述新时代如何践行孔繁森精神。

**关键词：** 新时代；践行；孔繁森精神；哲学

从哲学角度看，伟大的时代实践产生了伟大精神，伟大精神又会推动伟大事业的发展。形成于20世纪90年代的孔繁森精神，是中华优秀传统文化、革命文化、社会主义先进文化相结合的价值体现，是民族精神、时代精神和党的优良传统在新的历史条件下的内在升华，鼓舞了一代又一代的中国共产党人带领着人民群众艰苦奋斗，取得了伟大的成就。今天，站在全面建成小康社会的门槛上放眼未来，我们在建设社会主义现代化新聊城的新征程上，需要更好地传承和践行孔繁森精神，凝心聚力、砥砺前行。

## 一、首要解决的认识问题：孔繁森精神过不过时？

面对新时代繁重的发展任务与当前复杂的矛盾，总有那么一小撮人在弘扬与传承孔繁森精神的时候犯嘀咕：孔繁森同志都已经去世那么多年了，今天的情况与20世纪90年代大不相同，再宣传孔繁森精神还有用吗？能解决今天党员领导干部的现实问题吗？这种观点是典型的孔繁森精神“过时论”。“凡是合乎理性的东西都是现实的，凡是现实的东西都是合乎理性的。”① 这种“过时论”的出现正是我们全面深入地宣传学习孔繁森精神的缘由。正是因为如今人们各扫门前雪，才促使我们大力宣扬大公无私、公而忘私；正是由于孔繁森、焦裕禄这样的干部还太少，所以我们称赞这样的干部。因此，新时代需要面对的各种思想混乱和部分党员领导干部忘记了初心和使命等矛盾问题促使我们重新审视孔繁森精神、继续弘扬和传承孔繁森精神。

孔繁森精神“过时论”很难解释通，因为现在仍然有很多人在怀念孔繁森、颂扬孔繁森。事实上，孔繁森精神得到了人民群众的拥护和支持，具有强大的生命力和光明的前途。孔繁森同志1979年第一次援藏，1988年再次援藏，1992年底被任命为阿里地委书记，带领藏族群众探索出一条脱贫致富的路子，直至1994年11月29日赴新疆考察途中不幸以身殉职，把宝贵的生命献给了党，献给了祖国，献给了西藏人民。孔繁森同志是20世纪90年代领导干部的优秀代表，他的英雄事迹和崇高精神，激励和影响着广大中华儿女投身改革开放事业，自发到祖国和人民最需要的地方去，到最困难、最艰苦的地方去干事创业。事实上，孔繁森精神契合了新时代党员领导干部标准，是加强党员领导干部思想道德建设的生动教材。孔繁森同志用生命书写了共产党人立党为公、执政为民的新篇章，为新时期党员领导干部树立了光辉榜

①黑格尔．法哲学原理［M］．范扬，张企泰，译．北京：商务印书馆，1961：1821年出版的序言；小逻辑［M］．贺麟，译．北京：商务印书馆，1982：6.

样。1995年4月14日，中组部、中宣部发出通知，要求全国广泛开展向孔繁森同志学习的活动，时任国家主席江泽民同志题词“向孔繁森同志学习”。2009年9月，孔繁森被评为“100位新中国成立以来感动中国人物”。2018年，在庆祝改革开放40周年大会上，孔繁森被授予“改革先锋”称号。2002年12月31日，时任中共浙江省委书记的习近平指出“孔繁森精神，首先体现的就是老西藏精神”，对孔繁森精神赞不绝口。长期以来，孔繁森精神就像灯塔一样，不断鼓舞和激励着广大党员干部为实现“两个一百年”奋斗目标、实现中华民族伟大复兴中国梦而继续奋斗。

因此，在今天，孔繁森精神仍然有积极的、合理的因素，具有无与伦比的价值，孔繁森精神永远不过时！

## 二、牢牢把握的立场问题：孔繁森精神的核心价值在哪里?

作为哲学范畴，价值反映的是价值客体与价值主体之间的功能关系或者效应关系，即价值客体对价值主体的作用或者影响。在这里，我们以党员干部作为主要探讨对象，孔繁森同志的所作所为，如同一面镜子，无时无刻不在衡量着每一位领导干部。孔繁森同志之所以成为领导干部的楷模，最核心的一点就在于他牢固地树立了共产主义价值观，他以自己的一生向世人诠释了一个共产党人的宗旨意识该是什么样的、人怎样活着才有价值这个根本问题，向党和人民以及时代交出了一份合格答卷。

1. 坚持以人民为中心的公仆精神

历史唯物主义认为，人的价值是具体的，作为理性反映价值关系的价值观也是具体的。“一个人，爱的最高境界是爱别人；一个共产党员，爱的最高境界是爱人民；一个人民公仆，在感情的天平上，始终应该把砝码放在人民一边。”① 孔繁森的一生都在诠释这句话。中国共产党人把党的事业和人民的

①柴腾虎．永远的孔繁森［M］．北京：人民日报出版社，2004.

事业置于高于一切的位置，因此，中国共产党人就把自己的价值追求定位为为共产主义奋斗终生、为社会主义建设事业奋斗终生，始终把自己定位为为人民群众服务的公仆。用今天的眼光看，孔繁森精神的宝贵之处在于他没有仅仅停留在政策约束的一般层次上，而是将坚持以人民为中心的发展理念化为无私奉献的行动。

2. 坚定理想信念不动摇的忠诚精神

理想是一种人类特有的精神现象，是人们根据自己对客观世界的认识、自身的需要等诸多条件，对未来的美好憧憬和美好追求与设想。孔繁森怀有共产主义理想，有强烈的责任心和事业心，自进藏的第一天就把西藏的繁荣昌盛、人民幸福作为奋斗目标。无论是任岗巴县委副书记，还是拉萨副市长，还是阿里地委书记，他总是奔赴一线解决群众实际困难，努力改变当地的贫穷落后面貌。他就是用脚踏实地、从点滴做起、逐步完成党的阶段奋斗目标的办法，去落实伟大的共产主义崇高理想，至死不渝。什么是对党忠诚？每一名党员在入党宣誓时都会说“为共产主义奋斗终身，随时准备为党和人民牺牲一切”，孔繁森是对党忠诚的。习近平曾指出，“衡量干部是否有理想信念，关键看是否对党忠诚”“忠诚和信仰是具体的、实践的”①。孔繁森常说，“咱是党的人，要对得起党，无愧于党”。

3. 敢于生命不息奋斗不止的斗争精神

“实际上，而且对实践的唯物主义者即共产主义者来说，全部的问题都在于使现存世界革命化，实际地反对并改变现存事物。”② 斗争精神是马克思主义固有的理论品格，是马克思主义者的基本精神底色，是共产主义事业的生命力所在。面对艰险的工作生活环境，以及上有耄耋之年的老母亲、下有未成年的儿女、常年体弱多病的妻子的生活现实，孔繁森早已把生死置之度外，真正是历经危难而志不移，越是艰险越向前。“阿里的贫穷，是我们的耻辱；

①习近平在中央党校（国家行政学院）中青年干部培训班开班式上发表重要讲话［EB/OL］. http://www.xinhuanet.com/politics/2019-03/01/c_1124182661.htm2019-03-01.

②马克思恩格斯选集：第1卷［M］. 北京：人民出版社，1995：155.

率领群众致富，是我们的天职”，“活着就干，死了就算”，这些话语无不体现了孔繁森大无畏的斗争精神。习近平在学习贯彻党的十九大精神研讨班开班式上发表重要讲话强调，我们要继续进行具有许多新的历史特点的伟大斗争，准备战胜一切艰难险阻，朝着我们党确立的伟大目标奋勇前进。

4. 严于律己堂堂正正做人的政德精神

所谓政德，即为官从政的道德观。孔繁森具有立党为公执政为民、清正廉洁艰苦奋斗的人格魅力。作为普通人，孔繁森说“人呢，一辈子要堂堂正正地做人”，这是孔繁森精神的价值基因；作为领导干部，孔繁森认为“一切权力属于人民”，奉行“上不愧党、下不愧民”的价值观念，在市场经济大潮的冲击下能够坚持“一个共产党员爱的最高境界是爱人民”的理念。“咱不能沾公家的光”，这句话体现了孔繁森的政德。我们怀念孔繁森，就是因为他在任何岗位上都能以开拓进取大胆创新的精神干出一流的工作业绩，又能在推进社会主义市场经济的进程中始终保持清正廉洁、艰苦奋斗的本色。跋山涉水给群众送去温暖、以羸弱之躯卖血救孤、推进经济发展却两袖清风等无不体现着孔繁森坚贞的政德观。

5. 深入基层调查研究，对群众需求了如指掌的务实精神①

实践是干部价值实现的基本途径，人民群众是干部工作得失的评价者。习近平总书记指出，“时代是出卷人，我们是答卷人，人民是阅卷人”，还曾经指出“调查研究是谋事之基、成事之道。没有调查，就没有发言权，更没有决策权”。孔繁森一步一个脚印地为群众办事，看到阿里的落后状况，心急如焚，怀着时不我待、只争朝夕的责任感和紧迫感，搞调研，做规划。孔繁森下乡有“四必到”：必到敬老院，必到学校，必到边防哨卡，必到贫困牧民家庭。他在调查研究的基础上，制定并实施阿里发展规划，用务实之心、谋事之心、创业之心，推进阿里的稳定和发展。调查研究既是领导干部揭示真

①郑方云．新时代视域下弘扬孔繁森精神的价值意蕴［J］．山东干部函授大学学报，2020（4）．

相、探求规律、推动工作的手段和方法，也是我们党的优良传统、制胜法宝，更是孔繁森精神的重要内容。

## 三、探究审视理论回归实践的基本问题：如何践行孔繁森精神?

一个时代有一个时代的主题，一代人有一代人的使命。实现中华民族伟大复兴是新时代中国共产党人的使命。习近平总书记告诫我们，中华民族伟大复兴绝不是轻轻松松、敲锣打鼓就能实现的。新时代如何践行孔繁森精神？正如马克思曾指出的那样，“哲学家们只是用不同的方式解释世界，而问题在于改造世界”，同样，我们学习孔繁森精神的目的在于推进实践。为此，我们要牢固树立共产主义价值观，在全心全意为人民服务中把人民对美好生活的愿景转化为现实，向党和人民以及时代交出一份合格答卷。

1. 注重解决好“总开关”，在迎接挑战中践行孔繁森精神

习近平总书记在党的群众路线教育实践活动第一批总结暨第二批部署会议上指出，理想信念是共产党人的精神之“钙”，必须加强思想政治建设，解决好世界观、人生观、价值观这个“总开关”问题。“总开关”拧得紧与否、缺不缺“钙”，只有在迎接挑战中才能检验出来。孔繁森在日记中写道：“参加工作30年来，对共产主义的信念从没有动摇过、改变过，不管工作顺利的时候，还是我们党处于困难时期，自己都能坚信党的领导，坚定共产主义的信念。”孔繁森两次援藏，面对西藏发展落后的困难局面、面对亲人重病在床生命垂危的紧急状况、面对工资微薄甚至要卖血帮助西藏困难群众的挑战，他献出了一切。常言道，榜样的力量是无穷的，榜样的力量来源于真实生活，来源于崇高的人生境界和强烈的精神感召力。我们践行孔繁森精神，不可避免地要面对各种各样的挑战，能否把持得住，是检验学习和践行成效的标准和尺子。

2. 把准根本问题的症结，在努力实践中学习孔繁森精神

我们党历来反对照搬照抄，反对思想懒汉，总是要求我们抓根本、抓精

髓、在调查研究中解决新问题。学习孔繁森精神要学习精髓，学习精神实质，掌握其中的立场、观点、方法。孔繁森不可能给我们解决现实问题的现成答案，因此不能把学习孔繁森精神当作万能钥匙，更不能把学习孔繁森精神搞成形式主义。当前许多党员干部的问题在于顾虑太多，平时看不出来、关键时刻冲不上去、危难关头豁不出来。孔繁森经常说“活着就干，死了就算”，用实际行动践行“是七尺男儿生能舍己，作千秋鬼雄死不还乡”的壮烈誓言。面对新时代实现伟大民族复兴梦想，面对山东省干在实处走在前列的号召，面对聊城人民改变聊城落后面貌、创造幸福美好生活的强烈愿望，我们要学习孔繁森的实干精神、敢闯敢干的创新精神，树立在全省争创一流、走在前列的雄心壮志，付出“人一之、我十之，人十之、我百之”的艰辛努力，使聊城在新一轮高质量发展的竞争中摆脱落后、赢得主动。

3. 找准努力方向，在引导群众自觉行动中践行孔繁森精神

不同时代的人具有不同的价值追求，时代的发展决定着人们价值观的升华，这是人的价值思想演变的基本规律。在社会主义制度建立之前，劳动人民的追求就是饱暖和均贫富；社会主义制度一经确立，赶快富起来就成了我国人民群众的主要价值追求；今天，中国特色社会主义进入了新时代，过上更加美好的生活成为人民群众的最大追求。当今，由于改革开放力度加大和西方价值观涌入，一些人思想解放尺度大了，重个人利益轻集体利益、重经济轻政治、重物质轻精神越来越严重，张嘴闭嘴就是“身价如何”。我们不能放纵这种意识的发展，应该用社会主义核心价值观进行引导。孔繁森同志的事迹虽然平凡却感人至深，无时无刻不在打动着后人，使人的思想得到升华，灵魂得到洗礼，心灵得到净化。我们要学习孔繁森的公仆立场、做群众工作的思维方法、一心为人民造福的事业心，在聊城大发展的实践中引导群众、动员群众，变“要我发展”为“我要发展”，为创造更加美好的生活而自觉行动。

**参考文献：**

［1］邢志第，刘继孟．孔繁森精神与干部价值观［M］．北京：中共中央党校出版社，1999.

［2］黑格尔．法哲学原理［M］．范扬，张企泰，译．北京：商务印书馆，1961：1821 年出版的序言.

［3］柴腾虎．永远的孔繁森［M］．北京：人民日报出版社，2004.

［4］习近平在中央党校（国家行政学院）中青年干部培训班开班式上发表重要讲话［EB/OL］．http：//www. xinhuanet. com/politics/2019 - 03/01/c _ 1124182661. htm2019 - 03 - 01.

［5］马克思恩格斯选集：第 1 卷［M］．北京：人民出版社，1995：155.

［6］郑方云．新时代视域下弘扬孔繁森精神的价值意蕴［J］．山东干部函授大学学报，2020（4）．

（孟祥贵，中共阳谷县委党校讲师、理论研究室主任）

# 成长篇

仁者爱人：从孔子到孔繁森

孔繁森的君子人格刍议

孔繁森的初心之路

挖掘孔繁森在故乡的事迹及传播的重大意义研究

# 仁者爱人：从孔子到孔繁森

孙月冬

**摘要：**“仁者爱人”是孔子的人格理想，也是儒家伦理的基本原则。孔繁森把传统意义上的“仁爱”上升到爱人民、爱事业的最高境界，使其人格精神放射出动人的光芒。从生成性的角度理解孔繁森的大爱无疆，从修齐治平的角度理解孔繁森的廉洁奉公，有助于在更高水平上弘扬孔繁森精神。

**关键词：**仁爱；大爱；使命；担当

## 一、仁者爱人：孔子的人格理想

在以孔子为代表的早期儒家思想中，“仁爱”被尊为处理社会人际关系的基本准则，是儒家政治哲学、教育哲学的基本内容。

在《论语》中，仁的内容包含甚广，但其核心内涵是“爱人”。“樊迟问仁。子曰：‘爱人。’”（《论语·颜渊》）《说文解字》解释道：“仁，亲也，从人从二，意指爱护他人。”因此，“仁”或“仁爱”在《论语》中的基本内涵是一个人对他人的关心和爱护。

“弟子入则孝，出则弟，谨而信，汎爱众，而亲仁。”（《论语·学而》）这段话包含了仁爱存在的基本形式：孝悌；泛爱众。“孝悌也者，其为仁之本与”（《论语·学而》），在家善事父母曰孝，善事兄长曰悌。在孔子看来，孝悌是人类本性的自然表现，是做人的道德底线，也是仁爱的根本要求。孝悌之义是仁爱的起点，由此出发推己及人，就是“泛爱众”，即广泛地爱社会生活中的其他人。例如，“己欲立而立人，己欲达而达人”（《论语·雍也》），这是将心比心，是对别人的关心和爱护，而且这种关心和爱护的对象很宽泛，包括和我们打交道的所有人。

爱自己的亲人相对较易，爱亲人之外的其他人则需要一定的道德自觉，因而孔子眼中的仁爱是一种精神理想，是一般人很难达到的道德境界，连他本人也不例外。他说：“若圣与仁，则吾岂敢？抑为之不厌，诲人不倦，则可谓云尔已矣。”（《论语·述而》）这句话的意思是说：像圣人和仁人这样的高度，我哪里敢当？只不过是做到了一直效法他们，不断用他们的道理教导人们而已。对于孔子来说，仁是至高无上的理想人格，也是他毕生追求的道德目标。孔子的伦理思想体系就是围绕“仁”而展开的，包括孝、悌、忠、恕、礼、知、勇、恭、宽、信、敏、惠等主要内容。“出门如见大宾，使民如承大祭；己所不欲，勿施于人。”（《论语·颜渊》）出门办事如同去接待贵宾，役使百姓如同去进行重大的祭祀一般庄严；自己不愿意要的，不要强加于别人。由此可见，儒家思想中的仁爱既是处理人际关系的基本原则，也是统治者治理国家的价值遵循。

对管仲的评价，是孔门师弟讨论历史人物以澄清道德价值的一个经典案例，可以帮助我们理解仁义的核心精神。子路曰：“桓公杀公子纠，召忽死之，管仲不死。”曰：“未仁乎？”子曰：“桓公九合诸侯，不以兵车，管仲之力也。如其仁，如其仁！”子贡曰：“管仲非仁者与？桓公杀公子纠，不能死，又相之。”子曰：“管仲相桓公，霸诸侯，一匡天下，民到于今受其赐。微管仲，吾其被发左衽矣！岂若匹夫匹妇之为谅也，自经于沟渎而莫之知也。”（《论语·宪问》）子路、子贡拘泥于管仲对故主的忠诚问题，批评管仲没有节操。孔子则要求转换角度，从管仲的政治成就看待其贡献，把公共道义置于个人品德之上。对于孔子来说，个人节操固然重要，但政治秩序、社会文明是更高的价值所在。

在孔子的心目中，仁爱意味着对历史使命、社会责任的承担。孔子曾自述“吾十有五而志于学，三十而立，四十而不惑，五十而知天命”（《论语·为政》），其中的“知天命”，是指经历过“志于学”“立”“不惑”等阶段后才获得的对自己天赋使命或职责的理性认识。尽管时而也会有“命矣夫”的慨叹，但孔子“一直热爱人世间的真、善、美与秩序”，并以“发愤忘食，乐以忘忧”（《论语·述而》）的积极态度，毕其一生努力复兴礼教，著书立说，为人类文明的发展建立了不朽功勋，终成万世师表。

崇尚生命个体以积极的人生态度承担历史使命与社会责任，是孔子仁爱观的核心伦理精神。“子罕言利，与命与仁”（《论语·子罕》），如果说“与命”意味着顺天安命，“与仁”体现了孔子对“仁爱”道德理想的仰慕，“与命与仁”则意味着敬天安命和崇德向善的通达圆融，凸显了儒家君子人格的道德践履。

## 二、大爱无疆：孔繁森的使命担当

从古代到今天，从孔子到孔繁森，历史跨越了几千年。从血缘关系上说，孔繁森是孔子的后裔；从文化传承上看，孔繁森是孔子道德理想的精神传人。

中华传统美德无疑是孔繁森高尚道德情操的文化基因。

孔繁森的人生词典里，写满了“爱”字。爱祖国、爱人民、爱事业、爱西藏、爱集体、爱家乡、爱亲友、爱自然，爱他应该爱、能够爱的一切。为了这伟大的爱，孔繁森无私奉献乃至牺牲了自己宝贵的生命。他的爱比母子之爱、夫妻之爱、父子之爱更博大，超出了普通的世俗情感，升华到一种新的境界。孔繁森是个孝子，在人民和母亲都需要他的时候，他毅然选择了赴藏的艰难征途；孔繁森作为丈夫、父亲，深爱着妻子儿女，但是当高原藏族同胞更需要干部、更需要帮助时，他忍痛割舍了亲情。孔繁森把传统意义上爱别人的“仁”上升到爱人民的最高境界，将亲情之爱升华为人民之爱、事业之爱，孔繁森的人格精神放射出动人的光芒。这种爱是共产党员对人民的爱，是“俯首甘为孺子牛”的公仆之爱，是无须回报的奉献之爱。共产党员有这种爱的思想境界，心里时刻装着人民群众，才能践履党的宗旨。

孔繁森始终努力实践着自己最喜爱的那句话：“一个人爱的最高境界是爱别人，一个共产党员爱的最高境界是爱人民。”孔繁森每次下乡之前都要买二三百元钱的药装满他的小药箱，利用在济南军区总医院学到的医疗护理知识，一路工作一路看病发药，直到药箱空了为止。他到底花了多少钱，没有人知道。1992 年，拉萨市墨竹工卡等县发生强烈地震。孔繁森在羊日岗乡的地震废墟上领养了三个藏族孤儿：12 岁的曲尼、7 岁的曲印和 5 岁的贡桑。孔繁森先后三次化名洛珠，到血库卖血 900 毫升，换来 900 元钱，给孩子们买了新书包、新衣服，交了学费。他忍饥受冻，走遍阿里地区访贫问苦，抗险救灾，为的是群众。他对同事说：“一个人活着怎么才有意义？就是为人民办点好事。”他在日记中写道：“我要用自己的实际行动证明，共产党是真正为人民服务的!”

孔繁森只是一个普通的农民的儿子，但在短暂的50 年生命历程中，他始终一心为民，始终一心为党，他走过的每一个地方都闪耀着光芒，这光芒就是共产党员的忠诚干净担当。孔繁森两次赴藏，历时十年，坚持从实际出发谋事业谋发展，让每一个点子、每一条思路都接地气、符实情、合民意，为西藏的建设、发展和稳定，为西藏人民的幸福生活创造了实实在在的业绩，用为人民服务的模范行动践行了党的群众路线。第二次援藏期满，孔繁森本可问心无愧地返回家乡工作，可他又一次毫不犹豫地无条件接受了组织的挑选，到全西藏乃至全中国最艰苦的阿里地区担任地委书记。1994 年 11 月，孔繁森以身殉职后，他的葬礼上悬挂着一副挽联：“一尘不染，两袖清风，视名利安危淡似狮泉河水；二离桑梓，独恋雪域，置民族团结重如冈底斯山。”这是阿里人民用当地的名河、圣山赞誉孔繁森的高风亮节。

孔繁森是当代领导干部的楷模。现在我们要弘扬的孔繁森精神，就是指他一心为民，舍小家顾大家，担当作为、牢记使命的不朽精神。

## 三、扎根中国文化，弘扬孔繁森精神

中华优秀传统文化是每个中国人的精神血脉。中华民族能够在5000年的历史长河中生生不息、薪火相传，很重要的一个原因就是拥有孕育于中华民族悠久辉煌历史文化之中的伟大的中国精神。立足新时代，深入研究孔繁森精神与中华传统美德的密切关系，让孔繁森这一伟大形象更加可敬、可亲、可学，有助于在更高水平上弘扬孔繁森精神，让孔繁森精神真正走入当代人的心灵深处。

1. 从生成性的角度理解孔繁森的大爱无疆

孔子尊重个体生命的自然天性，主张每个人都应该从自己的真实性情出发不断进行道德精神的自我锤炼与提升。他强调的“克己复礼”“学者为己”等伦理原则，也是期望通过精神生命的自我成长最终达到“随心所欲不逾矩”的自由境界。山东曲阜的孔府启事厅里悬挂着一副对联：“以利己之心交朋心善，以好色之念求学必真”，意思是如果能够以利己之心去造福，必定会取得良好的结果；以好色之念去求学，必定能学有所成。这种思想与《论语·子罕》中“吾未见好德如好色者”的旨趣是一致的，体现了孔子对自然人性的尊重。

孔繁森践行了儒家“老吾老以及人之老，幼吾幼以及人之幼”（《孟子》）的传统美德。他曾多次对别人说：每当看到藏族老人就会想到自己的父母，每当看到藏族孩子，就仿佛见到了自己的儿女。一个人的推己及人是在逻辑上承认自己之外的人是和自己同样的人，蕴含了爱人如己的观念，这是对尊重他人的泛化和深化。孔繁森对藏族同胞掏心掏肺的大爱不是凭空产生的，而是产生于他对国家利益、社会利益与个人利益之间依存关系的深刻理解，产生于他对仁爱共济、立己达人的生命精神的涵养，产生于他在道德情感上由己推人、由内而外、由近及远的心理过程。

2. 从修齐治平的角度理解孔繁森的廉洁奉公

儒家对于一个君子的基本要求是什么？是修身齐家治国平天下，即所谓修齐治平。只修身不行，还得齐家。只齐家就行了吗？还得治国平天下。在中国人的观念中，一个有担当的君子，是要履行社会责任、造福天下的。

孔子崇尚“仁者爱人”的道德境界，倡导“推己及人”的道德自觉。“古人欲明明德于天下者，先治其国；欲治其国者，先齐其家；欲齐其家者，先修其身；欲修其身者，先正其心；欲正其心者，先诚其意；欲诚其意者，先致其知；致知在格物。”因此，修身是人立身处世的根本，“自天子以至于庶人，壹是皆以修身为本”（《大学》）。

孔繁森精神既是中华文化孕育的硕果，也是共产主义道德滋养的结晶。孔繁森见贤思齐，不仅从中华优秀传统文化中汲取了珍贵的精神营养，同时又超越了传统美德，自觉地实践了党的领导干部为党和人民的事业生命不息、奋斗不止的理想追求。致敬英模，铭记历史，不仅是饮水思源，更是要将中华民族的精神血脉延续下去。这需要从历史财富中寻找源头，从社会进步中汲取力量，从一代一代的奋斗中获得启示。

**参考文献：**

［1］卡尔·雅斯贝尔斯．大哲学家［M］．李雪涛，等，译．北京：社会科学文献出版社，2010：154.

（孙月冬，法学硕士，岭南师范学院副教授）

# 孔繁森的君子人格刍议[①]

王凤芹

**摘要：**儒家追求的君子人格是集大志大义、大仁大善、大智大勇、大美大度于一体的大德大能的完人。孔繁森赤诚报国，有君子的道义担当；孔繁森挚爱人民，有君子的大仁大爱；孔繁森智勇双全，有君子的侠肝义胆；孔繁森好学多才，有君子的风度才气。在中国特色社会主义新时代，弘扬孔繁森的君子人格，既能激励党员干部见贤思齐、后来居上，也能感召人民群众爱国敬业、崇德向善。

鲁迅先生曾经说过：中华民族自古以来就有埋头苦干的人，就有拼命硬干的人，就有舍身求法的人，就有为民请命的人。这些人不一定成就伟大的事业，但在平凡的岗位上彰显出独特的人格魅力，活得光彩照人、万民敬仰，就称得上中国脊梁，配得起正人君子。毫无疑问，孔繁森就是这样具有典型君子人格的名人。其折射出的君子人格精神不仅对领导干部立政德、明大德、守公德、严私德具有榜样示范作用，而且对普通民众守规矩、知荣辱、明是非、辨得失具有导向激励作用。笔者就孔繁森的君子人格做些探讨，并就此求教于诸位同人。

①本文系2017年山东省职业教育教学改革研究课题“地方特色教育资源融入高职思政课教学研究”（编号2017294）和聊城职业技术学院2019年教改重点课题“地方红色文化资源融入高职思政教育教学研究”（编号2019LZYJ06A）的阶段性成果。

## 一、“君子”内涵的历史演化

提到“君子”，人们常与道德高尚、人品高贵、言行高雅之人相联系。而事实上，“君子”最初只是当权贵族男性的代名词，并不具备道德素养内涵。其道德内涵的确立，始于春秋战国时期的诸子著述。

### （一）原意泛指贵族统治者，是对当权贵族男性的通称

“君子”本来不是一个词，而是一个偏正词组，由“君”和“子”组合而成。所谓“君”，从甲骨文看，上面的图形是“尹”，象征手执权杖，表示握权执政、管理事务，下面的图形是“口”，象征发布命令，表示令从口出，合起来的意思就是手握权杖，发号施令，治理国家。《说文解字》也释“君”为“尊”，意味着地位崇高。“子”是先秦时期对男性的统称，与“女”相对而言。因此，“君子”的意思就是国君之子，泛指拥有王权或处于贵族阶层的男子，即掌握权力的官员、大臣或将士，常与劳动者阶层的“小人”“野人”对应。

西周时期的《尚书》中首次提到“君子”，就是表示其身份高贵、地位尊崇。《易经》《诗经》中也常见到“君子”，除少量用作女子对丈夫或恋人的称谓，大都指向权贵男子。如《诗经·谷风之什·大东》有云：“君子所履，小人所视。”孔颖达在《诗经正义》中解释说：“此言君子、小人，在位与民庶相对。君子则引其道，小人则供其役。”《春秋左传·襄公九年》有云：“君子劳心，小人劳力，先王之制也。”此处的“君子”“小人”，也着眼于身份地位。

当然，因为贵族男子身居高位，承担着重要的社会责任，人们对其有一定的道德要求，如《尚书·无逸》希望君子“无逸”，即不能贪图安逸。不过，这种联系比较松散，并不固定，因为贵族男子毕竟有优有劣、有成有败。故此，那时的人们对“君子”可褒可贬、可歌可损，如《诗经》中就谴责君

子“不素食”“各敬尔身”等。

### （二）孔子赋予道德内涵，成为对内外美兼修之人的尊称

到了春秋战国时期，诸侯割据，社会动荡，“礼崩乐坏”，贵族君子不再“文质彬彬”，而是外在生活繁文缛节、内在人格日渐颓萎。面对混乱的社会现状和日益滑坡的社会道德，各家各派都在寻求医治社会弊病的良方。道家以“无为而治”为救世之方，墨家以“兼爱非攻”为平乱之术，以孔子为代表的儒家则认为应“克己复礼”，即通过加强个人修养，成为“谦谦君子”，恢复周王朝的礼仪规范，来重塑社会道德，重建社会秩序。为此，孔子对“君子”做出新诠释，赋予其道德内涵，使其从专指当权贵族男性，演化成主要指代内外美兼修之人，并与品德低下的“小人”区别开来。如《论语·里仁》的“君子怀德，小人怀土，君子怀刑，小人怀惠”“君子喻于义，小人喻于利”；《论语·述而》的“君子坦荡荡，小人长戚戚”等。

儒家对“君子”的要求非常全面，既要“义以为质，礼以行之，孙以出之，信以成之”（《论语·卫灵公》），“先行其言而后从之”，“言必忠信而心不怨，仁义在身而色无伐，思虑通明而辞不专，笃行信道，自强不息，油然若将可越而终不可及”（《孔子家语》），又要“权重者不媚之，势盛者不附之，倾城者不奉之，貌恶者不讳之，强者不畏之，弱者不欺之，从善者友之，好恶者弃之，长则尊之，幼则庇之。为民者安其居，为官者司其职，穷不失义，达不离道”（《孟子》）。

墨子、庄子对“君子”也提出了不同的道德要求，如墨子认为，“君子”应具备廉洁、道义、仁爱、怜悯四种品质，做到兼相爱、交相利、明天志、敬鬼神、弃礼乐等；庄子则希望“君子”从容无为，合于道而不拘于仁义，顺应自然、保全本性，反对像伯夷那样为了贤名而死，认为儒家对“君子”的道德要求违背人性，不值得提倡。

尽管不同学派对“君子”的认知不尽一致，甚至存在矛盾之处，但正是因为先秦诸子的关注、讨论与阐释，“君子”一词的道德内涵才得以确立完

善，尤其是儒家对“君子”的全面阐释、对君子人格的不懈追求，使其超越了“类人”“阶层”的身份意义，并因应社会与时代变化，不断补充完善，最终被世世代代的志士仁人深度认同、高度推崇、广度传播。本文所做的孔繁森君子人格解读也主要限于儒学意义。

## 二、君子的人格特征

在孔子等儒家看来，个人应修炼的“理想人格”就是君子人格。这样的君子人格既有“忧道乐道”“义薄云天”的大义担当，也有“群而不党”“立己达人”的方法智慧，既有“仁者爱人”“兼善天下”的博大情怀，也有“文质彬彬”“知行合一”的高尚情操，是集大志大义、大仁大善、大智大勇、大美大度于一体的大德大能的完人。具体来说，君子具有以下人格特征。

### （一）君子有大志大义，“忧道乐道”“义薄云天”

君子有大志，“忧道乐道”。《礼记·礼运》指出，“大道之行也，天下为公”，而君子的责任是“修己以安人”“修己以安百姓”。其实，孔子说的“安人”“安百姓”，就是“以天下为己任”，“士不可以不弘毅，任重而道远”（《论语·泰伯》）。也就是说，作为君子，不能囿于一技之长——“君子不器”，而应当心怀天下，“志于道”。为此，君子既要志向高远，“谋道不谋食”“忧道不忧贫”，又能随遇而安，“朝闻道，夕死可矣”（《论语·里仁》）。

君子有大义，“义薄云天”。孔子等儒家认为，君子“义以为上”“不义而富且贵，于我如浮云”（《论语·述而》）。君子在任何时候都“不苟求，求必有义”，甚至在特殊情况下“可以托六尺之孤，可以寄百里之命，临大节而不可夺”（《论语·泰伯》）。虽然对什么是“义”，孔子并没有明确地解释，但《中庸》认为，“义者，宜也”。韩愈进一步指出，“行而宜之之谓义”。也就是说，“义”所追求的是行为本身的正当性，是不计后果的正义性。为此，君子在小事小节上要“轻财重义”“见利思义”，而在大是大非面前必须深明大义，甚至“舍生取义”。

### （二）君子有大仁大善，“杀身成仁”“兼善天下”

君子有大仁，“杀身成仁”。《说文解字》指出，“仁，亲也，从人从二”，这说明“仁”字创造之初就包含爱人之意。但孔孟等儒家倡导的“仁者之爱”“仁者爱人”，不单是亲情手足之爱，而是涵盖天地与人物、超越亲情的“泛爱”，是建立在“仁”之上的不求回报的大仁大爱。在儒家看来，但凡君子，不仅具有仁爱之心，会“泛爱众而亲仁”“爱仁以及物”，而且能“乐仁”，主动去“为仁”，甚至在关键时刻不“求生以害仁”，而是“杀身以成仁”。

君子有大善，“兼善天下”。孟子认为，人性本善，君子更是“莫大乎与人为善”，贫穷时“独善其身”，通达时则“兼济天下”。也就是说，君子要“慎独”“善己”，即使时运不济、穷困潦倒，无法奉献社会，也要“三省吾身”，做好自己，随遇而安，“自强不息”。一旦有机会为国效力，就要“当仁不让”，努力造福天下，使天下人共善。为此，君子不仅要有尚善之心，能“见贤思齐”“从善如流”，还要有乐善之行，能济贫助弱、“择善而从”，最终“臻于至善”，成就内圣外王之人格。

### （三）君子有大智大勇，“群而不党”“视死如归”

君子有大智，“群而不党”。老子认为，“君子盛德，容貌若愚”，儒家也认为，君子“和而不同”“周而不比”“泰而不骄”“群而不党”。也就是说，在古圣先贤看来，真正的君子既满腹经纶、学富五车，能深谋远虑、运筹帷幄，又心地坦荡、虚怀若谷，能立己达人、成人之美，既不随声附和、徇私护短、趋炎附势，也不钩心斗角、排斥异己、结党营私，“不迁怒、不贰过”，低调做人懂方圆，中庸做事知进退。

君子有大勇，“视死如归”。在孔子等儒家看来，勇发乎仁，适乎礼，止乎义——“仁者必有勇”“知耻近乎勇”“见义不为，无勇也”（《论语·为政》)。也就是说，孔子等所理解的“勇”，不是个人逞强好胜的匹夫之勇，也不是无知无畏的莽夫之勇，不是骁悍无谋的武夫之勇，更不是荼毒生灵的恶魔之勇，而是饱含仁爱、合乎礼仪、彰显正义的英雄之勇。这样的勇士，如鲁迅先生所称道的，“敢于直面惨淡的人生，敢于正视淋漓的鲜血”，在面对危险危难时，会“义无反顾”，视死如归。

### （四）君子多博学敏行，“文质彬彬”“知行合一”

君子多博学，“文质彬彬”。孔子曾教育学生，要“敏而好学，不耻下问”“学而时习之”，而且要学思并用，“学而不思则罔，思而不学则殆”。君子尤其要“博学于文”、精通“六艺”（礼乐射御书数），因为对君子而言，“既学之，患其不博也；既博之，患其不习也；既习之，患其无知也”(《大戴礼记·曾子立事》)。“质胜文则野，文胜质则史。文质彬彬，然后君子。”(《论语·雍也》)也就是说，君子应保持谦虚的学习态度，广泛学习各种文化技术知识，使自己见多识广、技艺超群。如果一个人过于质朴，缺少文化修养的话，就显得粗野、流于粗俗，但也不能太讲究文采、过于文雅，否则就像酸秀才流于浮夸，显得华而不实。只有博学多才、文质兼备、内外双修，才称得上君子。

君子敏于行，“知行合一”。孔子认为，君子应“敏于行而讷于言”“耻其言而过其行”“巧言令色，鲜矣仁”(《论语·学而》)。曾子也认为，对君子而言，“既知之，患其不能行也”(《大戴礼记·曾子立事》)，毕竟“纸上得来终觉浅，绝知此事要躬行”。王阳明更是突出强调“知行合一”，认为“行之明觉精察处即是知，知之真切笃实处即是行”。这就是说，作为君子，要言行一致，少说多做，通过“游于艺”实现知行统一；要始终保有“温文尔雅”“表里如一”的仁者本色，不做“巧言令色”、知行相悖的伪君子。

## 三、孔繁森的君子人格体现

孔繁森作为孔子的后裔，自小就受儒家“温良恭俭让”“仁义礼智信”

"忠孝廉耻勇"等传统文化的浸润，再加上父母温和柔顺、朴实厚道、诚实守信、与人为善的言传身教，以及受党的革命传统与杰出人物优秀品质的熏陶，自然萌生积德行善、乐于助人、精忠报国、好男儿志在四方等人生理想。纵观孔繁森的言行举止，既完美体现了当代中国共产党人的理想人格，也基本契合古圣先贤心中的君子品格。具体来说，孔繁森的君子人格主要表现在以下几个方面。

### （一）赤诚报国，有君子的道义担当

孔繁森一生最值得人们钦佩、称道的是他的两次援藏经历和第二次期满后的无悔选择。1979 年，当国家需要从山东抽调一批干部援建西藏时，在地委宣传部副部长任上的他主动报名，别人望而却步的"生命禁区"，他却主动请缨前去，足见祖国需要在他心中的分量，而且他为此明志——是七尺男儿生能舍己，作千秋鬼雄死不还乡；1988 年当组织决定让他再次带队赴藏时，面对公私不能兼顾、家国不能两全的现实，他虽然是家里的"顶梁柱"，但还是以"我是党的干部，服从组织安排"作为对组织的回答；尤其难能可贵的是，在 1992 年底援藏工作期满、能够回山东升迁之际，他再次顾全大局，义无反顾地去海拔更高、离家更远、条件更艰苦、任务更艰巨的阿里担当重任，并在此恪尽职守、以身殉职，践行了其"青山处处埋忠骨，一腔热血洒高原"的初心。

在孔繁森的人生字典里，国比家大、公比私高，党的事业、祖国需要永远至高无上。青少年时期，他基于新中国艰苦创业，建设电气化国家的现实需要，选择去聊城技工学校学习电工技术，立志毕业后为家乡电气化发展贡献力量；当兵服役期间，毛泽东思想的洗礼、老红军的革命传统教育、无数先烈和雷锋精神的感染熏陶，铸就了他忠于祖国、勇于担当、不惧艰险、服从命令、珍视荣誉的军人品格。在聊城工作期间，他服从组织安排和工作调整，在不同岗位上与祖国共进步。当边疆建设需要时，他义不容辞地抛家舍子，奔赴西藏。这份"一片丹心图报国，两行清泪为忠家"的赤胆忠心不仅

是做党的领导干部的责任使然，也是对儒家君子人格的道义传承。

孔繁森作为孔子的后裔，深受儒家传统文化的浸润，自小就有“先天下之忧而忧”“天下兴亡，匹夫有责”“精忠报国”的朴素情怀，这种情怀与中国共产党为中国人民谋幸福、为中华民族谋复兴的初心使命有机融合在一起，就汇聚成其为国尽责、为党分忧的正能量，激发出其献身西藏的热血和干劲。他曾在日记中坦言：“西藏的贫穷是我们的耻辱，率领群众致富是我们的天职。”靠这样的雄心壮志支撑，他在常人难以忍受的恶劣环境中，创造出可歌可泣的业绩，履行了“为国为民流尽最后一滴汗，流尽最后一滴血”的誓言。就这个意义来说，是孔氏家国天下之风的一脉相承造就了孔繁森这一改革开放新时期的高义志士。

### （二）挚爱人民，有君子的大仁大爱

孔繁森的日记里有这样两句话：“一个人爱的最高境界是爱别人，一个共产党员爱的最高境界是爱人民。”可以说，在西藏工作期间的孔繁森把这两句话做到了极致，完成了从平凡人的“爱别人”到共产党人“爱人民”的转变，践行了其“西藏的老人就是我的老人，西藏的孩子就是我的孩子，西藏的土地就是我的家乡”的诺言。因为有这样高尚无私的境界，所以他会像老大哥般真诚地关心朋友同事、体恤官兵下属，数九寒天，奔赴人迹罕至的边防哨所与战士联欢，给他们带去亲人般的温暖和满满的人生正能量；会像儿子一样悉心关照、孝敬藏族老人，为他们排忧解难，无偿送钱送物，义务诊病送药，甚至把聋哑老人的冷脚放在自己胸口，把穿着的毛衣裤送给受冻的藏族老人，毫不犹豫地将导管伸进病人的喉管里为其吸痰，做到了亲生儿子都难以做到的程度；更胜似父母般关爱藏族儿童，为收养的孤儿洗衣洗澡、补习功课，这让自己的女儿都羡慕嫉妒。他也曾为抢救奄奄一息的藏族兄妹而罕见地对司机发火，并体贴入微地照顾他们直到出院，以至于在藏族群众眼里“像能普度众生、救苦救难的活佛”。

孔繁森这种博大爱心和感人行动，不仅仅是出于领导干部自觉贯彻群众

路线，忠实履行全心全意为人民服务的宗旨，而且也源于其潜移默化接受的吃苦在前、享受在后的革命传统教育和“尚仁爱”“民为贵，社稷次之”“为生民立命”“老吾老以及人之老，幼吾幼以及人之幼”等儒家优秀传统教育。这就是说，虽然在西藏工作期间的孔繁森与人民群众休戚相关、患难与共，把对人民群众的大仁大爱演绎得淋漓尽致，但他这种境界提升非一朝一夕之功。

在聊城工作期间，孔繁森尊老爱幼、入孝出悌，是远近闻名的孝子，而且他与人为善，有古道热肠，“听不得别人有难处”，常主动助人，是个不折不扣的“大好人”，名副其实的“及时雨”。在忠孝不能两全的情况下，他没拘泥于“父母在，不远游”的“怀居”理念，宁可愧对瘫痪老母、病重妻子、年幼孩子，也绝对不负事业的召唤、边疆群众的期盼。当身处异常恶劣的自然环境，环顾贫寒交加的藏族群众，他坐卧不宁，感觉时不我待，怜民之心愈来愈重，爱民之行也不断刷新高度，为边疆的稳定富强殚精竭虑，达到常人难以企及的“无我”境界，彰显出古代君子特有的仁者之风。就这个意义来说，是古圣先贤的仁爱民本、乐善好施精神和中华民族的守望相助、扶危济困传统铸塑了孔繁森这个社会主义中国的大爱公仆。

### （三）智勇双全，有君子的侠肝义胆

孔繁森一生廉洁自律，不取不义之财，敢治不正之风，有坚持原则的操守。在西藏工作期间，曾有人以各种关系和“恩惠”，托他在承包工程等方面予以倾斜。他不为名利所惑，严厉斥退行贿之人，坚决与社会上盛行的歪风邪气分道扬镳，以至于去世后留给家人的遗产不到 10 元钱。这种严于律己、激浊扬清的品格何尝不是一种为政以德的做人智慧，何尝不是承继了先贤的廉洁操守。孔繁森为人宽厚豁达，能够用人所长，有长者风范和容人雅量，曾因惜才爱才，未曾谋面（通过秘书传话）就把嗜酒的藏族宣传干部感动得涕泪横流，主动戒酒。这种知人善任、以情动人的工作方法尽管人人可用，但未必都自觉去用，孔繁森用得得心应手、自然娴熟，这就难能可贵，令人

佩服。

孔繁森做事雷厉风行，从不敷衍塞责、推诿扯皮，而是无惧险难，勇于披荆斩棘。两次进藏，他都是顶着矛盾走，而且在西藏工作期间，哪里有危险，他就去哪里查灾情、解民困、慰民心。这期间，他经历过风灾雪灾雹灾震灾，曾三次与死神擦肩而过，但危难过后仍忘我工作、痴心不改，以钢铁般意志践行“是七尺男儿生能舍己，作千秋鬼雄死不还乡”的铮铮誓言，那股敢打敢拼的闯劲、水滴石穿的韧劲、永不服输的拼劲和迎难而上的勇气、无惧生死的英气、改天换地的豪气，很少有人能够达到，令人对其高山仰止。

作为领导干部，孔繁森工作得方、治理有道，深谙处理各种棘手问题的策略，那就是率先垂范，深入群众调查研究，查实情、找症结、出主意、定对策，并带领干部群众抽丝剥茧、攻坚克难，从而迅速使本地面貌出现可喜变化：担任岗巴县委副书记期间，为在全县农牧区推广家庭联产承包责任制，他亲自到乡抓试点获取经验，并为推广经验 3 年间跑遍了所有乡村牧区；担任拉萨市副市长期间，亲自到全市 8 个县区的所有公办学校和一半以上乡办村办小学现场办公，使拉萨的适龄儿童入学率从 45% 提高到 80%；主政阿里不到两年时间，在几乎调研过所有乡镇后为阿里量身定制了向北开放、发展经贸、搞活边贸的立体蓝图，并安排项目落地实施，无愧“改革先锋”的称号。

孔繁森之所以成为有胆有识的“改革先锋”，固然离不开党的培养、部队的教育，但也与他从小就崇尚英雄，立志做包公、海瑞一样的清官有关，而临危不惧、刚正不阿、敢闯善为本就是君子的应有之义和应做之行。这也就不难理解孔繁森为什么会做出《咏红柳》，又为何在办公桌上放着于谦的《石灰吟》。他是在借诗明志，要像红柳那样“敢笑翠柏与青松”，更要像石灰那样“粉身碎骨浑不怕，要留清白在人间”。这样的风骨气节与古圣先贤心中的伟岸君子何其相似。在当今和平年代，这种大无畏的英雄气概和敢于牺牲的奉献精神较为罕见，因此特别值得提倡，也尤其需要对标。

### （四）好学多才，有君子的风度才气

孔繁森从小就聪明好学、品学兼优，不仅成绩名列前茅，而且乐于助人。在聊城技校学习期间，他是有名的“三多两难”（看的书多，思考的问题多，做的实验多；提的问题难，做的作业难）学生。参军入伍后，他时时处处以雷锋为榜样，白天训练执勤，苦练军事技术，晚上看书学习，攻读毛泽东著作等，曾连续六年被济南军区军直系统评为五好战士和学习毛主席著作标兵。他还趁在济南军区总医院服役期间，靠刻苦自学和耳濡目染，学到了一些医疗护理技术，并通过为亲朋好友诊治小病积累临床经验，成为精通医术的“编外医生”，为在西藏治病救人打下了坚实基础。即使走上领导岗位，工作再忙再累他也从没放松学习，因为他把读书、学习当成人生的三大幸福之一。到西藏后，他为方便开展工作，顺利与藏族人民沟通，还一点点啃会了藏语。

孔繁森不仅自己勤学，而且还关心、帮助身边的工作人员、边防战士学习，并善于学习、利用别人身上的长处和优点。这样的学习态度，固然与我们党重视学习的优良传统有关，也源于其自小就接受的儒家尊师重教传统，以及对“学而时习之，不亦说乎”“三人行必有我师焉”的深度认同；这样的学以致用，自然是深谙“空谈误国、实干兴邦”的道理，坚持我们党理论联系实际的良好作风，但同时也是传承了儒家“知而弗为，莫如勿知”“知之不若行之”等知行合一思想。

孔繁森爱好广泛、多才多艺。他通医学，能针灸，是藏族群众广为流传的“会治病的大本布拉”。他擅烹饪，能炒菜，曾在拉萨市职高创办时作为烹饪班兼职教师进行示范授课。他喜欢唱歌跳舞，常在联欢会上用淳厚嘹亮的歌声温暖感染大家。他善于诗歌创作，曾兼任聊城乡韵文学社的名誉社长，交过不少文朋诗友；在西藏更是常用诗歌抒发思乡之情和报国之志。他尤其挚爱摄影，有的作品几近专业水平。青年时期，他就做过聊城青年摄影家协会会长；在西藏工作期间，他下乡总带着相机，为拍摄理想镜头不惜时间和脚力，以至于牺牲后遗物中最多的是西藏风光摄影。

此外，他还通养花种草、好登山涉水、懂民间收藏。这诸多的业余爱好，也许在别人眼里就是用来消遣娱乐的闲情逸致，但对孔繁森来说，这是他养浩然之气、修君子之身的重要基石。为此，他不仅投入热情、充满韧性，把业余爱好做得近乎专业，体现出很高的悟性，展示出超群的才气，而且借自己的多才多艺开拓工作思路，以磊落君子形象凝聚人心，赢得兵民的支持配合，并最终因其鞠躬尽瘁而盛名远扬，成为人们心中的不朽丰碑。

洪应明在《菜根谭》里言简意赅、一语中的：唯大英雄能本色，是真名士自风流。孔繁森虽没有惊天动地的丰功伟绩，也算不上古圣先贤追求的内外美兼修、德智能全优的理想君子，但他本色做人、角色行事，不以事难而不做，不以善小而不为，积少成多、积小为大，久久为功、善作善成。其所思所想、所作所为，既高尚到一般人难以企及，也平凡到每个人都可效仿：领导干部可以学习其志存高远、奋发有为，忠诚干净担当的公仆意识和奉献精神；广大党员可以学习其抵御世俗浊流，“富贵不能淫，贫贱不能移，威武不能屈”的伟岸人格。就是普通群众，要立于天地之间，做个大写的人，也需要学习其与人为善、敬老爱幼，明德格物、立己达人，知行统一、好学上进等优秀品格。因此，在中国特色社会主义新时代，弘扬孔繁森的君子人格，既能激励党员干部见贤思齐、后来居上，也能感召人民群众爱国敬业、崇德向善。

**参考文献：**

［1］鲁迅．华盖集续编·记念刘和珍君［M］．北京：北新书局，2006.

［2］陆游．陆游诗选·冬夜读书示子聿［M］．北京：人民文学出版社，1962.

［3］柴腾虎．永远的孔繁森（之一）［M］．北京：人民日报出版社，2004.

［4］柴腾虎．永远的孔繁森（之二）［M］．太原：山西人民出版社，2014.

（王凤芹，聊城职业技术学院）

# 孔繁森的初心之路

邢秀兰

**摘要：**孔繁森的一生是习近平总书记对党员领导干部“不忘初心、牢记使命”要求的生动体现。孔繁森生在旧中国，长在红旗下，对建设祖国具有主人翁责任感，在军营中的锤炼使他确立了一生都要为人民服务的初心。经过多年工作历练，到第一次援藏，及至援藏期满后返乡工作，孔繁森发出“是党的人，要听党的话”的心声，锐意进取、开拓创新，埋头苦干、真抓实干，使人民群众不断增强获得感、幸福感、安全感，实现了初心的升华。第二次援藏时，已是厅级干部的孔繁森坚守初心，自觉做到信念坚定、为民服务、勤政务实、清正廉洁、敢于担当，生动诠释了党员领导干部如何坚守初心、担当使命。

**关键词：**孔繁森；初心；领导干部

习近平总书记在“不忘初心、牢记使命”主题教育工作会议上的讲话中对共产党人的初心、使命做了进一步阐述，强调守初心就是要牢记全心全意为人民服务的根本宗旨，以真挚的人民情怀滋养初心，以牢固的公仆意识践行初心；担使命，就是要牢记我们党肩负的实现中华民族伟大复兴的历史使命，勇于担责，主动作为，保持斗争精神，直面风险挑战，知重负重、攻坚克难，在实践历练中增长经验智慧，在经风雨、见世面中壮筋骨、长才干。本文拟以孔繁森为例对这些问题进行考察，以加深对习近平总书记这一论断的理解。

## 一、初心确立：一生都要为人民服务

孔繁森生在旧中国，长在红旗下，初心的形成在同龄人中是比较典型的。

1944 年 7 月，孔繁森出生在鲁西北一个贫苦的农民家庭。他 1 岁时，堂邑县城解放。2 岁时，家乡进行土地改革，孔繁森一家和鲁西北广大贫苦农民一起，拥有了土地，翻身做了主人。新中国成立后不久，孔繁森到了上学的年纪。虽然农村依然落后，孔繁森一家的生活依然清苦，但在党和政府"教育必须为生产建设服务，为工农服务，学校向工农开门"的教育方针下，作为贫苦农家子弟的孔繁森，顺利地入学读书，接受教育。这样的成长经历，使孔繁森自然地培养起对党和新中国的感情。随着年龄增长，孔繁森建设祖国的主人翁责任感油然而生。

孔繁森读小学的阶段，正是全国人民在党的领导下，把注意力转移到社会主义工业化的任务上来，进行新中国发展国民经济的第一个五年计划，积极投入大规模经济建设的时期。为实现社会主义工业化，全国工人阶级忘我地奋斗，广大农民也给予了大力支持和拥护。大家都向往着工业发展能够带来苏联"楼上楼下、电灯电话"那样的生活。在学校接受的社会主义教育，火红的建设环境，激发了少年孔繁森建设祖国的主人翁责任感。升入中学读书的孔繁森，立下用所学知识实现家乡电气化、改变家乡落后面貌的远大志向，并在初中毕业后考上聊城技工学校，成为电工班的一名学员。

真正促进孔繁森思想转化、影响他人生道路选择的，却是军营。1961 年，17 岁的孔繁森经学校推荐入伍，成为济南军区总医院的一名军人；1968 年复员回到家乡工作，孔繁森在部队待了整整 7 年。在这 7 年里，孔繁森接受了部队这个大熔炉的锤炼，找到了他的人生榜样——雷锋。

在孔繁森入伍的 1961 年，作为学习毛主席著作的标兵、毛主席的好战士，雷锋的事迹得到媒体的全面宣传。全军号召学习毛泽东著作，学习雷锋，争创“四好连队”，争当“五好战士”。1962 年 8 月雷锋牺牲后，他的日记被中国人民解放军总政治部整理出版，他生前所在的班被中华人民共和国国防部命名为“雷锋班”。1963 年 3 月，《中国青年》杂志和《人民日报》《解放军报》《光明日报》《中国青年报》等各大报刊相继刊登了毛泽东“向雷锋同志学习”的题词，全党、全军、全国各族人民掀起学习雷锋的热潮。“雷锋”成为社会主义建设时期全心全意为人民服务的代名词，成为入伍不到两年的青年孔繁森的人生榜样。

比较雷锋的事迹和军营中孔繁森的作为，可以看到此时的孔繁森处处以雷锋为榜样。在生活方面，雷锋勤俭节约，以艰苦朴素为荣；孔繁森 1961 年和 1962 年捐了 4 件军装，当时战士每年发军装，该领新军装时，孔繁森不领，说捐给国家了。在团结战友方面，雷锋爱护、团结战友；孔繁森悄悄地以战友的名义给战友的父亲寄医药费，自己花钱买理发工具，为战友和附近的群众免费理发；孔繁森负责排岗，总是把自己排在大家最不喜欢的晚上 10 点到 12 点，还经常替战友站岗，有时候从晚上 10 点到早晨 6 点都是他一个人站岗，留下“霸岗、替岗、包岗”的美誉。在工作方面，雷锋甘作螺丝钉，善于钻研，干一行爱一行；孔繁森服从需要，任劳任怨，作为通讯兵，他被安排负责办公楼的热水供应，每天早晨 6 点钟起床，一直忙到晚上 10 点、11 点，从不叫苦叫累，为了掌握正确的射击姿势，他把砖头拴到枪上锻炼臂力，荣获“特等射手”的称号。在学习方面，雷锋是学习毛主席著作的标兵；孔繁森在济南军区总医院跟着首长学医术，在警卫营跟着指导员学语文基础知识、学写作，1964 年被评为“济南军区学习毛主席著作积极分子”，并在同年赴京参加国庆观礼……

1966 年 9 月，孔繁森加入中国共产党。他在入党申请书中这样写道：“为了党为了人民，上刀山下火海，自己也在所不辞、心甘情愿。”1968 年，孔繁森从部队复员回乡，把理发工具作为礼物送给了战友臧秀启，并说：“我们要保持部队优良传统，一生都要为人民服务。”

## 二、初心升华：是党的人，要听党的话

1988 年，孔繁森第二次援藏。在日记里，他写道："咱是党的人，要听党的话。"听党的话，就要给党、给国家、给人民办事，而不是给自己办事。显然，相较于为战友救急解困，孔繁森服务人民的视野已经扩展到党和国家大局。孔繁森这种大局意识是在援藏的过程中历练出来的。

党的十一届三中全会召开后，西藏和全国各地一样，进入社会主义建设新时期。与社会主义事业发展相适应，西藏对各级各类干部和专业技术人员的需求相应增加。自治区党委于 1978 年向中央建议，几年内，每年有计划地抽调一批干部支援西藏，并将进藏多年的干部轮换回去，得到中央的支持。1979 年 1 月，中央组织部下发了《关于抽调干部支援西藏和在藏干部内返问题的通知》，决定 1979 年和 1980 年每年往西藏抽调干部 3000 人，其中党政干部和各级各类干部各占一半。

通知下达到山东，时任聊城地委宣传部副部长的孔繁森听到消息后就报了名。至于主动报名的原因，孔繁森是这样说的："我们国家正处在拨乱反正、百废待兴之时，西藏缺少干部，亟须支援。我这样年轻的县级干部不报名，难道还要让党点名？还要组织上费口舌做思想工作？我知道西藏条件差，生活艰苦，但是，你不去，别人也要去，人家能吃的苦，我孔繁森就能吃。再说，谁没家庭？谁无妻子老小？如果以此为理由不去西藏，党交给的援藏任务谁来完成？"原计划孔繁森赴藏担任日喀则宣传部副部长，但是组织上见他政治素质高，身体条件好，把他改派到条件更加艰苦的岗巴县任县委副书记。岗巴的平均海拔比日喀则高出 900 米，空气含氧量只有中东部地区的 43%，生活条件比日喀则艰苦得多。面对这一新安排，孔繁森毫不犹豫地答应了。

任岗巴县委副书记后，抓生产、促民生、稳边防成为孔繁森思考和努力的重心。他勇于担责、主动作为，在岗巴工作的 3 年里，跑遍了全县的乡村、

牧区，了解藏区群众疾苦，寻找破解当地经济社会发展瓶颈的良方。为改善当地面貌，他创造性地开展工作，在全县最落后的苍龙乡试行土地联产承包，调动农牧民的生产积极性，推动联产承包责任制在全县开展。他在年年干旱的昌龙乡带领群众修水库，跟老百姓一样背石头，而且挑最大的背，解决了牲畜饮水和农田灌溉用水的问题，提高了农作物产量，改善了百姓生活，突破了人均28斤粮的定量，交余粮量在全县最多。他注重藏汉同胞之间的关系，把民族团结看得很重，逢年过节先去慰问藏族干部，再去拜访汉族干部。援藏期满、回到家乡后，孔繁森致力于家乡的经济社会发展。任莘县县委副书记时，他下决心治理马颊河以西的大面积沙荒地。为此，他经常去马西蹲点，摸索沙地栽什么树好、怎么栽成活率高，后来发现树木成活率低的根本原因是缺水。于是，他和林场的管理领导研究出一个办法，就是一路两沟，把树栽在沟里，解决了树木成活率低的问题，使得马西38万亩沙荒地变成了平原林场，成为有名的“平原绿洲”，改变了当地的小气候，提高了粮食产量。任聊城地区林业局局长时，他上任一个月几乎跑遍了全区乡镇，“聊城周围50华里的乡村，人们经常看到孔繁森骑自行车走村串乡，经常听到他蹲在田间地头大讲发展林果业的好处，经常能见到他坐在路边小店啃烧饼充饥。”在调研的基础上，他主持制定了全区的林业发展规划，狠抓落实，不见成效不收兵……

在“不忘初心、牢记使命”主题教育工作会议上的讲话中，习近平总书记强调：“把初心使命变成党员干部锐意进取、开拓创新的精气神和埋头苦干、真抓实干的自觉行动，力戒形式主义、官僚主义，推动党的路线方针政策落地生根，推动解决人民群众反映强烈的突出问题，不断增强人民群众获得感、幸福感、安全感。”可以说，30年前，孔繁森用自己的行动生动诠释了习近平总书记在今天的要求，他以锐意进取、开拓创新的勇气，用埋头苦干、真抓实干的行动，让藏族群众感受到党和国家对他们的关心，让家乡的百姓体会到国家政策的好处，使人民群众不断增强获得感、幸福感、安全感。在这一过程中，孔繁森对为人民服务的理解更加深刻，他的初心也得到升华，那就是从朴素的做好人好事升华到落实党的路线方针政策、解决人民群众反映强烈的突出问题、推动一方经济社会发展。

## 三、坚守初心：责任重大，坐卧不安

1992 年底，孔繁森第二次援藏工作期满，被西藏自治区党委任命为阿里地委书记，同时兼任阿里军分区党委第一书记和政协阿里地区主席，他毫不犹豫地服从了党的决定、人民的需要。从拉萨进入阿里的辖区后，孔繁森就开始调查研究。4 天 4 夜的路程，他走了 10 天 10 夜。经过一路考察，他发现，阿里人民的生活比自己想象的更艰苦，于是在日记上写下这样一句话："看未来责任重大，看现在坐卧不安！"

习近平总书记曾经提出，中国是一个大国，人口多，国情复杂，领导者要有"如履薄冰，如临深渊"的自觉，要牢记人民的利益高于一切，牢记责任重于泰山，丝毫不敢懈怠，丝毫不敢马虎，必须夙夜在公、勤勉工作。孔繁森的"责任重大、坐卧不安"正是体现了这种自觉，这种自觉就是坚守初心、担当使命的自觉。正是这种自觉，使孔繁森在为政多年、担任厅级干部后，仍然能够做到信念坚定、为民服务、勤政务实、清正廉洁、敢于担当。

信念坚定。1990 年，担任拉萨市副市长时，孔繁森在日记中写道："我从 1965 年入党以来，对共产主义的信念始终没有改变。参加工作 30 年来，我对共产主义的信念没有动摇过、改变过，不管是工作顺利的时候，还是我们党处于困难时期，自己都能坚信党的领导，坚信共产主义信念。"因为坚信党的领导，坚信共产主义，孔繁森才能在父亲过世，母亲已经 87 岁高龄、生活完全不能自理的情况下服从组织决定第二次援藏，并在援藏期满、年近半百之际服从组织安排，去往青藏高原最偏僻、海拔最高也是当时全国唯一不通电、条件更加艰苦的阿里地区工作。

为民服务。第二次援藏，每次下乡，孔繁森都携带着他的小药箱，药箱里装满用自己的钱购买的治疗藏区牧民常见病的药品，工作之余为群众听诊把脉、发药打针，直到小药箱空了为止。其间，他从地震的废墟上收养了3个藏族孤儿，卖血给孩子们买书包交学费；他用自己的胸膛为藏族老人暖冻伤的双脚；用听诊器的胶管为生命危在旦夕的藏族老人一口一口吸出堵塞喉咙的浓痰……因为他为民服务的大爱之举，藏族同胞亲切地称他为“活菩萨”。

勤政务实。任职拉萨副市长不到四个月的时间，他就跑遍了全市8个县的所有公办学校和一半以上的村办小学，在调研中发现问题、解决问题。在他任职的短短几年内，拉萨市的办学条件明显改善，教育布局趋于合理，适龄儿童入学率从45%提高到80%，升入大中专院校的学生逐年增加，全市考入异地西藏班的学生居全国自治区之首，师资队伍得到加强，师资培训基地相继建立，拉萨有了第一所职业学校……

清正廉洁。孔繁森第一次援藏期满返回后，担任聊城地区莘县县委副书记时，坚持骑自行车到乡镇检查工作，被称为“自行车领导”；担任聊城地区林业局局长时，坚持骑自行车上下班，从不车接车送；任聊城地区行署办公室副主任时，即使用车非常方便，但假期却去食堂借地板车拉着老母亲走走逛逛；任阿里地委书记时，到阿里地委党校去讲课，批评党校同志为他准备红塔山香烟的行为，还为党校制定了“三不准”规定，即凡是来党校讲课的，一不准吃请，二不准摆放水果和香烟，三不准拿讲课费。

敢于担当。当发现拉萨市尼木县的续迈等三个乡因为水中含有大量的氟，牧民们大都患有大骨节病的严重情况后，孔繁森连夜起草了《续迈乡综合防治大骨节病方案》，并向自治区财政厅申请资金，如期完成当地的水改工程，结束了续迈乡牧民易患大骨节病的历史。到阿里后，孔繁森经过调查研究，总结出阿里发展的畜产品优势、矿产品优势、旅游优势、边贸优势、人口优势和政策优势等六大优势，制定了“北连新疆、南拓边贸、因地制宜、分类指导，建设三个不同类型又互为补充的区位经济开发区”的发展规划。在他的积极倡导和直接领导下，阿里防抗灾基地、狮泉河给排水工程、五县住房改造工程被列入自治区30周年大庆建设项目。在他上任短短一年的时间里，阿里的国民生产总值就增长了37.5%，国民收入增长了6.87%。

……

这就是孔繁森，用他自己的话说，组织信任，群众拥护，工作胜任，能为他人解决点困难就是人生最大的幸福。一个领导干部能够得到组织信任、群众拥护，就要体贴人、关心人、理解人，并且要善于用人；就要深入群众，以心换心，以情换情；就要善于从小事做起，从自己分管的工作做起，尽自己的最大能力和力量。孔繁森是这么说的，也是这么做的。他用自己的行动生动地诠释了什么是共产党员的初心，党员领导干部如何坚守初心、担当使命。

**参考文献：**

[1] 中共中央党史研究室．中国共产党的九十年（社会主义革命和建设时期）[M]．北京：中共党史出版社，2016：404.

[2] 秦存华，徐行，张庆波，等．美丽中国行——走近孔繁森[M]．北京：中国旅游出版社，2019.

[3] 乔元忠．全国支援西藏[M]．拉萨：西藏人民出版社，2002：405-406.

[4] 习近平．在“不忘初心、牢记使命”主题教育工作会议上的讲话[J]．求是，2016（13）.

[5] 孔繁森同志纪念馆讲解词。

[6] 习近平接受金砖国家媒体联合采访[N]．人民日报，2013-03-19.

[7] 柴腾虎．永远的孔繁森[M]．北京：人民出版社，2004：265.

（邢秀兰，中共党史专业博士，聊城职业技术学院思政课教师）

# 挖掘孔繁森在故乡的事迹及传播的重大意义研究

宋庆祥

**摘要**：孔繁森见诸媒体的主要事迹，是两次进藏，历时十载，在党的召唤面前，在人生的选择中，他的精神境界一次次得到升华。一切事物，只有经过一定的过程才能实现自身的发展。发展分三个阶段：发展的初级阶段是各种发展要素从整合到形成相对稳定的发展状态的时期；发展阶段是发展状态各要素功能发挥充分、协同良好的时期；发展高级阶段（发达阶段）是发展状态各要素高度协同、稳健、快速的发展时期。

从孔繁森一生的三个阶段看，他发展的高级阶段是在西藏度过的，初级阶段、发展阶段都是在故里五里墩和聊城市度过的，只有把前两个阶段的孔繁森事迹充分挖掘出来、传播出去，才能更加完整地、充分地展现孔繁森的精神实质。因此，挖掘孔繁森在故乡的事迹，对于研究传播孔繁森精神具有重大现实意义。

**关键词**：孔繁森；故乡；事迹；传播；意义

## 一个不对称的链条

梳理20多年来对于孔繁森事迹的宣传和报道，不难发现媒体主要聚焦于孔繁森两次进藏，历时十载，在党的召唤面前，在人生的选择中，他的精神境界一次次得到升华。

对于孔繁森事迹的报道，代表作是由新华社记者、人民日报记者、西藏日报记者、大众日报记者撰写的长篇通讯《领导干部的楷模——孔繁森》，发表在1995年4月7日的《人民日报》头版头条。

从通讯文章看出，涉及孔繁森在聊城的事迹仅有两处：

一、孔繁森1944年出生在山东聊城一个贫苦的农民家庭。在党的培养教育下，他参军、入党，后来转业到地方工作。

二、1988年，工作几经调动的孔繁森已担任聊城地区行署副专员。这时，又一次严峻的考验摆在他面前。

这一年，山东省在选派进藏干部时，认为孔繁森政治上成熟，又有在西藏工作的经验，便准备让他带队。组织上问他有什么困难，他还是那句话："我是党的干部，服从组织安排。"其实，孔繁森心里很清楚，家里确实有不少困难：自己的身体状况不如从前了；年近九旬的老母亲生活已不能自理；三个孩子尚未成年，需要有人照看；妻子动过几次大手术，体弱多病。自己一走，全家的生活重担又要压在妻子一人肩上。他不会忘记第一次进藏时家里的情景，里里外外都是妻子操劳。有一次，她去刨地瓜，五岁的儿子没人照看，掉进地窖里爬不上来……孔繁森觉得对不起妻子，对不起孩子。

一天，孔繁森对妻子王庆芝说："我带你和孩子们到北京玩几天吧！"妻子感到很奇怪：别说是去北京，就是在聊城，孔繁森也从来没闲空陪自己和孩子们出过门，这一次是怎么了？带着疑惑的心情，王庆芝和孩子们跟着孔繁森到了北京，游览了天安门和长城。途中，孔繁森话里有话地对妻子说："到了北京，就等于走遍了全国。以后我无论走到哪里就像到北京一样，你和孩子们别牵挂。"听了这番话，王庆芝似乎有了某种预感。从北京回到聊城后，孔繁森一直在想怎样对妻子开口。一天夜里，他终于鼓起勇气说："庆芝，组织上又安排我进藏了……"话还没说完，王庆芝的眼泪已像断了线的珠子滚落下来。看着妻子难过的样子，孔繁森的心里也一阵阵发酸。他动情地说："庆芝，我欠你的太多太多了！等从西藏回来，我一定会加倍地补偿。”

“你就放心去吧，”王庆芝抽泣着说，“一个人出门在外，好好保重身子。”

在那些日子里，王庆芝一边为丈夫收拾行装，一边悄悄地抹泪。要走了，孔繁森默默地站在母亲面前，用手轻轻梳理着母亲那稀疏的白发，然后贴在老人的耳朵旁，声音颤抖着说：“娘，儿又要出远门了，到很远很远的地方去，要翻好几座山，过好多条河。”

“不去不行吗?”年迈的母亲抚摸着他的头，舍不得地问。

“不行啊，娘，咱是党的人。”孔繁森的声音哽咽了。

“那就去吧，公家的事误了不行。多带些衣服、干粮，路上可别喝冷水……”

想到也许这是同年迈多病的老母亲的最后一面，孔繁森再也抑制不住内心的感情，扑通跪在母亲面前：“自古忠孝不能两全，娘，您要多保重!”说完，流着眼泪给母亲深深磕了一个头。

两处仅有1000多字，占全篇通讯11000多字的十分之一。

当然，人民日报和其他媒体，对孔繁森在聊城的事迹后续也有所宣传报道，但和孔繁森最高发展阶段相比显得尤为薄弱。这是一个不对称的链条，只有让这个链条对称起来，即研究孔繁森在初级阶段、发展阶段的世界观、人生观、价值观是如何形成的，了解他是怎样一步步成长为“楷模”的，找到源头和流向，才能更全面、更充分地研究孔繁森精神。这样才符合事物发展的规律。

## 两环链条亟待加粗

25年前，我正好在大众日报聊城记者站工作，中央发出学习孔繁森的报道后，就一直跟踪报道学习孔繁森的活动，写了大量的文章。当时主要是报道各级干部群众学习楷模的活动，虽然挖掘了一些孔繁森在聊城的事迹，但并不充分。印证我这个预判的是，2020年11月15日，我带领济南大学泉城学院的14名实习记者，到五里墩孔繁森故里采访，用了仅仅半天时间，就挖掘出了3个鲜为人知的故事。

一个是关心孤寡老人的故事——三两红糖。

村民孔祥印说："繁森比我大一岁，小时候一起上学，放学后一起割猪草，是特别谈得来的好伙伴，长大后也经常来往。1975年的一天，我去聊城办事，办完事顺便到繁森那里坐坐。繁森问：'二婶子身体怎么样？'我说：'常年慢性病，就那样。'

"繁森说的'二婶子'就是邻居孔庆武的爱人，按街坊辈分叫她二婶子，她有哮喘病，无儿无女，繁森每次回家都去看她，还给她带药。

"繁森说：'你给二婶子捎点红糖吧，她常年吃药，家里买不到红糖。'他递给我一个纸包，大约有三两多红糖。那时候，买东西要凭票，没有糖票有钱也买不到，他家上有七十多岁的老母亲，下有几岁的孩子，省下几两红糖实在不容易。"

孔祥印回忆："我儿子和繁森的大孩子同一年生人，1974年我儿子生病了，在小医院查了说是肺炎，怎么治都不见好。繁森带我们去市里医院看病，人家说是胸膜炎，必须住院治疗。当时病房都住满了，繁森抱着孩子楼上楼下地跑，找了一个婴幼儿小推车放在门后边，编上号暂时当作病床。当时药非常缺，医院没有青霉素，繁森到处联系，最后找到了两盒青霉素。"

一个是关心村民婚姻的故事——"三哥帮我去提亲"。

村民刘瑞祥讲述了孔繁森帮助他相亲的故事：

"我和我对象是从小学到高中的同学，我们俩自由恋爱，对方家里条件比我好。我担心对方家里看不上我，和三哥繁森说了这件事。

"三哥繁森那时已经是地委宣传部的副部长，本想让他帮我出出主意，没有想到他挺身而出。一天上午，他抽了个空，到我对象家里，帮我说好话，夸我人品好，爱学习，是个好青年。我对象的父亲认识孔繁森，当时就答应了这桩婚事。1978 年我和我对象结婚了，我三哥孔繁森帮我完成了终身大事，我一辈子都忘不了。”

一个是关心军人父母的故事——给兵爸妈拜年。

刘瑞祥说：“繁森援藏之前，连续十年除夕夜，我陪着三哥风雪无阻地骑着自行车，绕过一条河，跑十里地到杨庙村去给他的两个小学同学的父母拜年。他说，郝东泰和韩新友在外当兵，给国家做贡献，过年不在家，父母一定很想他们，咱们应该替他俩尽孝。”

孔繁森援藏之前，每逢春节，他都会给村里的孤寡老人和长辈拜年，户户都走到，没有漏下一家。

三个故事和孔繁森援藏期间的故事何其相似——在拉萨市堆龙德庆县桑达乡敬老院里，有个叫琼宗的老人，至今保存着孔繁森送给她的一双棉鞋。老人永远不会忘记那个隆冬的早晨，孔繁森副市长冒着寒风来到敬老院，他发现老人的鞋子破了，脚被冻得又红又肿，便心疼地把老人的双脚抱在自己的怀里。第二天，他又托人给老人送去了一双新棉鞋。不久，他又给敬老院的老人们送去了半导体收音机。接过孔繁森自己掏钱买的收音机，老人们的眼睛湿润了。一个叫旺姆的老人激动地对孔繁森说：“还是新社会好啊！要是在新中国成立前，像您这样的崩布拉（当官的）连见都见不到啊！”离开敬老院时，老人们自动站成一排，依依不舍地为他送行。

相似的故事，使孔繁森为民爱民、关心群众的高大形象，更加完美地呈现在我的面前。“一个人做点好事并不难，难的是一辈子做好事”，孔繁森始终努力践行着自己最喜爱的那句名言：“一个人爱的最高境界是爱别人，一个共产党员爱的最高境界是爱人民。”

孔繁森在故里、在聊城生活工作了几十年，那里有孔繁森大量的事迹，是一座丰富的精神宝藏，应该抓住孔繁森同龄人健在的有利时机，搞好挖掘工作。

## 聚合资源，加强传播

挖掘的目的在于研究，研究的目的在于传播。如何加强孔繁森精神的传播力呢？

运用新媒介，全媒化传播。智能手机的逐步普及，为记录口述人讲述的孔繁森故事，创造了便捷的条件。应该广泛征集口述孔繁森故事的影像资料，建立孔繁森故事资料库，为研究孔繁森精神，储备尽可能多的资料。同时，制作成短小精悍的影像故事，利用微信、微博、抖音等新媒体进行传播，让孔繁森精神走进大众。

开展多种活动，弘扬孔繁森精神。孔繁森同志纪念馆在这方面已经做了大量工作，孔繁森展览进校园、进企业等收到了良好效果。这次研讨会也是一个良好的开端，聚集了学界、业界、职能部门的专家学者，进一步研究孔繁森精神。建议今后立足山东、放眼全国，吸引更高层次的专家学者前来参加研讨会，聘请聊城籍的知名专家学者担任研究院的顾问。这些人会带来众多资源：理论资源，他们见识多，眼界宽，理论水平高，可以提高研讨会的质量；人际资源，他们多数是博导、硕导，可以扩大交际范围；媒体资源，全国知名的专家学者是新闻界关注的焦点，他们走到哪里，新闻界跟到哪里，他们的论文会在国家级的媒体传播，可以扩大孔繁森精神的影响力，提高聊城的知名度。

形成制度，持之以恒。建议以这次研讨会为起点，把组织架构、制度架构、运行机制建立起来，并根据发展的新情况不断完善，把孔繁森精神发扬光大。

（宋庆祥，济南大学泉城学院教授，山东大学传播与媒介研究中心特聘研究员，大众日报社原培训总监、聊城分社原社长，高级记者）

# 应用篇

基于孔繁森精神的新时代领导干部人生价值取向

微媒体环境下孔繁森精神的传播路径研究

孔繁森精神嵌入思想政治理论课教学的路径研究

文化记忆视域下孔繁森精神传承的困境及路径研究

孔繁森精神融入高职思政课供给侧改革的路径探索

# 基于孔繁森精神的新时代领导干部人生价值取向①

渠长根　王　静

**摘要：**孔繁森是全面推进中国特色社会主义新时期出现的一位先进典型。孔繁森忠诚干净担当的政治品格，积极开拓进取的创新精神，全心全意为人民的爱民精神，对引领新时代领导干部践行社会主义核心价值观具有重要的现实意义。弘扬孔繁森精神，可以为领导干部树立理想信念的丰碑，激发领导干部无私奉献的高尚品质，标示新时代领导干部实现人生价值的目标方向。基于孔繁森精神，对新时代领导干部的人生价值取向进行研究，可以进一步挖掘孔繁森精神的内核和时代价值，把握领导干部价值取向的本质与方向，为新时代领导干部角色定位提供标准与要求，丰富领导干部价值取向的内在精神与形式，有利于促进新时代领导干部的正确人生价值取向的生成。

**关键词：**孔繁森精神；新时代领导干部；人生价值取向；社会主义核心价值观

习近平总书记强调，“伟大的事业需要伟大的精神”“在高原上工作，最稀缺的是氧气，最宝贵的是精神”②。孔繁森是改革开放时期出现的一位先进典型，他自觉以党和人民的需要为己任，两次进藏工作，历时十载，开拓进

---

①本文系2019年度国家社科基金重点项目“中国共产党红色文化发展史研究”（编号19ADJ007）和2018年浙江省文化厅项目“浙江红色文化发展史”（编号ZW2018019）的阶段性成果。

②习近平．高原工作最稀缺的是氧气　最宝贵的是精神［EB/OL］．（2015－08－25）．http//news. cnr. cn/native/gd/20150825/t20150825_ 519658926. shtml.

取，发展藏区经济，促进藏区教育，提高藏区医疗，改善藏区生活，为西藏的稳定、改革与发展做出了突出的贡献，不仅是“改革先锋”，更是新时代“领导干部的好榜样”，示范了新时期领导干部正确的人生价值取向。

## 一、弘扬孔繁森精神的时代意义

孔繁森两次进藏工作，鞠躬尽瘁，舍身忘己，以“是七尺男儿生能舍己，作千秋鬼雄死不还乡”的壮志献身于高原。在藏区工作期间，他始终视名利安危淡似狮泉河水，置民族事业重如冈底斯山。“青山处处埋忠骨，一腔热血洒高原”，雪域高原上留下了他的足迹。雪域高原没有忘记他，藏区人民没有忘记他，历史也将他永远铭记。孔繁森的名字，就深深镌刻在这神奇的雪域高原，铭记在全党和全国人民的心中。孔繁森成为新时代全体党员领导干部的楷模，他的故事流传在干部群众心中。

### （一）为领导干部树立理想信念的丰碑

习近平总书记在党的十九大报告中指出：“中国共产党人的初心和使命，就是为中国人民谋幸福，为中华民族谋复兴。”孔繁森始终不忘共产党人的初心和使命，时刻以党和人民的需要为重，两次进藏，在雪域高原上奋斗了十个春秋，为领导干部树立了理想信念的丰碑。他的风骨傲然独立，幻化成穿越时空的力量，不断砥砺着中国共产党人奋勇前行。

在回忆自己的成长经历时，孔繁森说：“我 1965 年入党以来，对共产主义的信念从没有动摇过，不管是工作顺利的时候，还是我们党处于困难时期，都坚信党的领导，坚定共产主义信念。”① 现实中，有的领导干部理想信念动摇，得过且过；有的领导干部面对新问题，束手无策；有的领导干部跟不上

①王金凤．在更深刻的内涵和层面上弘扬孔繁森精神——《评孔繁森的人生哲学》［J］．理论学刊，1998（02）：128.

时代发展的需求，思想固执保守，甚至做出了违背客观规律与形势发展的错事；有的领导干部世界观、人生观和价值观发生了扭曲，跌入了个人主义的泥沼。这些行为归根结底在于有些领导干部没有用科学的理论武装头脑，没有树立理想信念的丰碑。领导干部是党的干部，需要对马克思列宁主义、毛泽东思想、邓小平理论进行深入解读与学习，只有这样，才能用先进的理念武装自己，才能担起重任，不辜负人民群众的重托。

因此，孔繁森精神是当代中国社会历史文化的升华和醇化，是老西藏精神在新时期的丰富和发展，过去是，现在是，将来也是。孔繁森精神不仅是中华优秀传统文化、红色革命文化、现代先进文化的综合体现，而且也是新的历史条件下党的优良传统和民族精神的全新升华，是各族人民的宝贵精神财富。在新时代，大力弘扬孔繁森精神是在领导干部之中再次树立起一座坚定理想信念的伟大丰碑。

### （二）激发领导干部无私奉献的高尚品质

共产党员必须坚持人民利益高于一切，把无私奉献看作共产党员最基本的素质要求，树立以无私奉献为本质特征的人生观和价值观。无私奉献，就是在人民需要的时候，敢于放弃个人利益，在国家需要的时候，敢于放弃小我。孔繁森始终站在党和人民的立场上，坚守全心全意为人民服务的宗旨，焕发出积极进取、顽强拼搏的精神，为党和人民奉献了自由、家庭乃至生命。他通过自己的一言一行践行了共产党员的人生价值与最高追求，值得各级领导干部学习。

“一个人爱的最高境界是爱别人，一个共产党员爱的最高境界是爱人民。”这是孔繁森的座右铭，他始终努力践行着这句名言，把自己一颗火热的心献给了西藏，献给了党的事业。在实践中，孔繁森始终把“组织信任、群众拥护、工作胜任，能为他人解决点实际困难和痛苦”视为“人生最大的幸福”。在国家和党的任务面前，孔繁森舍小家顾大家，视百姓如父母，时刻听从党和组织的安排，坚决服从组织调动，展现了共产党员无私奉献的高尚品质。

各级领导干部都应该明白，党的威信和领导干部的威信都是通过为人民做了什么来树立的，绝非是倚仗某种权力建立的。领导干部的权力是人民赋予的，要将权力与人民群众的根本利益结合起来，如果背离人民群众，忽视人民的意志，最终将失去人民的信赖和支持，任何权力都是行不通的。

孔繁森两次进藏，身体发生了明显变化，他的心脏明显增大，这是长期生活在高原的生理反应，事实上已经影响了他的自然寿命。当党和国家需要他时，他义无反顾地奉献了自由、家庭，甚至是生命，把健康和生命都交出去的牺牲精神，是孔繁森最高层次的奉献。孔繁森同志把自己的一生都奉献给了党和人民，体现了领导干部无私奉献的高尚品质、献身使命的忠诚意识、求真务实的为民精神、廉洁自律的公仆精神、担当作为的开拓意识，充分展示了共产党员的高尚品格和人民公仆的光辉形象。

回顾孔繁森的过往人生，他清正廉洁的高尚品格、坚定忠诚的理想信仰、开拓进取的优良作风、不畏艰险的拼搏精神，以及心怀人民的公仆情怀，值得每一个党员领导干部学习。孔繁森精神所具有的震撼人心的力量，能使党员领导干部以强大的精神动力去实现全心全意为人民服务的宗旨，去回应新时代对无私奉献高尚品质的诉求。

### （三）标示新时代领导干部实现人生价值的目标方向

进入新时代，党员领导干部更应该思考如何在习近平新时代中国特色社会主义思想指引下积极作为，跟着人民的利益走，跟着党的要求走，跟着真理走，为实现中国梦，贡献自己的力量。孔繁森同志具有正确的世界观、人生观、价值观，始终树立崇高的理想，胸怀坚定的信念，讲党性，顾大局，坚决服从组织安排，到最艰苦的地方去无私奉献。新时期的领导干部应该以孔繁森为镜，坚持正确的价值观，实现人生价值。

随着改革开放不断深入，社会主义市场经济发展日新月异，各级领导干部面临的环境更加复杂，形形色色的诱惑也很多，这就更加需要去除私欲，时刻保持清醒的头脑，不忘党和人民的重托，不忘自己的神圣职责。各级领导干部都要学习孔繁森精神，将其与当代中国先进的中国特色社会主义思想结合起来，增强党性锻炼，坚决抵制享乐主义、拜金主义、极端个人主义等腐朽思想，并且将孔繁森精神与全心全意为人民服务结合起来，不断加强自身世界观改造，时刻坚定共产主义信念，使自己经得起各种风浪考验，成为新时期像孔繁森那样的好党员、好干部。

当前，我国处于改革开放和现代化建设的关键时期，同时又处于改革深水期、社会转型期、矛盾凸显期。虽然面临种种发展机遇，但国内形势仍然严峻。领导干部是社会活动的率领者、引导者和组织者，领导干部的价值取向对于其他社会群体有示范和引领作用。在全面建成小康社会，实现中华民族伟大复兴中国梦的征程中，党员领导干部要积极学习孔繁森精神，特别是学习其忠诚干净担当的政治品格、积极开拓进取的创新精神和全心全意为人民的爱民精神。孔繁森将成为新时期党员领导干部价值取向的一面镜子、一把尺子，党员领导干部要时刻审视自己、鞭策自己，使自己经受得起风浪的考验，真正做到无愧于党、无愧于人民。

## 二、孔繁森精神的时代特色

孔繁森精神的内涵是：忠诚干净担当的政治品格，清正廉洁的高尚品德，知难而进、艰苦奋斗的拼搏精神，热爱人民、服务人民的满腔热忱，开拓进取、求真务实的优良作风①。他忠诚干净担当的政治品格、积极开拓进取的创新精神和全心全意为人民的爱民精神，体现了新的历史条件下党员领导干部为党和人民的事业艰苦创业、艰苦奋斗的理想追求和精神风貌。

### （一）忠诚干净担当的政治品格

党的十八大以来，习近平总书记反复强调，干部要做到忠诚干净担当。

①领导干部的楷模——孔繁森［N］. 人民日报，1995－04－07.

忠诚干净担当根植于我们党的优良传统，凸显了好干部的时代标准，体现了建设新中国的必然要求，是对好干部标准的高度概括①。忠诚干净担当既为加强新时代干部队伍建设指明了正确方向，也为广大领导干部提供了从政、干事和做人的标准典范，是领导干部必须遵守的重要准则。

忠诚是每一次选择中的言行举止，是每一次坚守中的勇气与担当。孔繁森两次进藏都面临着艰难的选择，一边是家庭的需求，父母年老、孩子尚幼、妻子体弱，全家以务农为生；一边是党和国家的需求。在组织和家人之间，孔繁森服从大局，毫不犹豫地承担起了共产党员的责任和使命，毅然选择了党和国家，把对父母、妻子、儿女的爱升华为对国家、人民的大爱和对党的绝对忠诚，生命不息、战斗不止。“我是党的干部，服从组织安排”，孔繁森对党忠诚、为党分忧、为党尽职、为民造福的政治担当不容置疑。在人生的选择中，他的精神境界一次次得到升华。面对高海拔环境，面对恶劣的气候，面对复杂的交通，孔繁森甘愿冒着随时可能遇到的生命危险，知重而担，负重而行。从踏上高原那天起，他就把自己的一切奉献给了雪域高原这块神圣的土地，在“一不怕苦、二不怕死”的精神支撑下，坚决服从组织安排，坚持强烈的党性原则，不惧艰险、不怕牺牲，鞠躬尽瘁，无私奉献。他说过：“我们共产党员无论在哪里工作都是党的干部。越是边远贫穷的地方，越需要我们为之去拼搏、奋斗、付出，否则，就有愧于党，有愧于群众。”② 作为领导干部的楷模，孔繁森始终讲政治、顾大局，党和人民群众需要他到哪里去他就到哪里去，哪里最艰苦他就出现在哪里。作为西藏干部的代表，孔繁森以自己的实际行动塑造起新时期党员领导干部的崇高形象，展现了当代共产党人的优秀品质，用鲜血和生命谱写了一首具有民族精神、时代精神的奉献之歌。

孔繁森的一生注解了何谓忠诚、何谓干净、何谓担当，用生命铸就了一座伟大的人民公仆丰碑，他是忠诚干净担当的高素质干部的代表，值得全体

---

①郭文奇．做忠诚干净担当的高素质干部［J］．党建研究，2018（10）：26－28.

②高杉．共产党员爱的最高境界是爱人民［N］．中国纪检监察报，2019－08－06（008）．

领导干部学习。忠诚干净担当是新时代共产党人应当具备的政治品格。习近平总书记指出："是否具有担当精神，是否能够忠诚履责、尽心尽责、勇于担责，是检验每一个领导干部身上是否真正体现了共产党人先进性和纯洁性的重要方面。"① 忠诚干净担当是对共产党员的根本性政治要求，也是党的伟大事业实现兴旺发达的政治保障。现在，党面临长期的、复杂的、严峻的考验，执政考验、改革开放考验、市场经济考验、外部环境考验异常艰巨，就像一柄达摩克利斯之剑悬在党的头上，激励和警示着中国共产党不断自我完善、自我改进和自我提升，确保各级党员在新的历史时期能够保持清醒的头脑。此外，中国共产党还被"四大危险"团团包围，打压、遏制、分化、唱衰中国的行径日趋猖狂，共产党员脱离群众危险、精神懈怠危险、能力不足危险、消极腐败危险始终以不同的表现形式、方式存在。尽管社会环境已经发生了翻天覆地的变化，但是共产党人的理想与信念不能变，无私奉献与艰苦奋斗的优良作风不能变。

新形势下，领导干部应该传承孔繁森精神，把"干干净净"作为一把尺子，时时处处严格要求自己，保持清醒头脑，不为名所累，不为利所困，不为情所惑，清清白白做人，干干净净做事，坦坦荡荡为官；以绝对忠诚掌好理想信念之舵，把坚守初心使命体现在实际工作和具体行动中；坚持深学细悟，夯实践行初心使命的根基；做到绝对忠诚，把握践行初心使命的关键；坚持不懈自我改造，强化践行初心使命的保障；以清廉干净守好为人的道德底线，以敢于担当塑造谋事的亮剑精神，为谱写新时代更加出彩的绚丽篇章做出应有贡献。

### （二）积极开拓进取的创新精神

开拓进取，是我们党在干事创业过程中一直秉持的重要精神力量，是克

---

①党员干部要勇于担当能够担当敢于担当［EB/OL］. http：//theory. people. com. cn/n/2014/1223/c40537 – 26260217. html.

服一个又一个困难，取得举世瞩目伟大成就的重要保障。孔繁森两次进藏，发展边贸搞活市场，注重生态保护，不怕误解和怀疑，坚持给老百姓看病，主动探索区域合作，为藏区的发展指明了方向。从部队到地方，从鲁西到西藏，孔繁森踩出了一条闪光的人生轨迹。他勇立潮头、放眼世界、敢想敢为、顽强拼搏、不怕失败，给人们留下了无愧于党、无愧于人民、无愧于时代和无愧于历史的孔繁森精神。

西藏地区，高寒缺氧，交通不便，地广人稀，自然条件差，工作、生活条件都十分艰苦，阿里地区又是“世界屋脊的屋脊”，为了寻找阿里的发展优势，雪域高原上留下了他的足迹，全地区 106 个乡，孔繁森走遍了 98 个。他深入实践调查，挖掘出阿里发展的主要优势，提出了阿里经济发展的新思路，对阿里发展之路进行了科学规划，推动了阿里地区经济的跨越式发展。为改变少数民族教育落后状况，孔繁森殚精竭虑，对全市 8 个县区的所有公办学校和大部分乡办、村办小学进行实地调研，探索教育事业发展道路。在孔繁森和全市教育工作者的努力下，拉萨适龄儿童入学率得到了显著提升，从 45% 上升到了 80% 。他走访过 48 个敬老院和养老院，给孤寡老人送去了党和政府的温暖。孔繁森发展藏区经济，促进藏区教育、医疗、卫生事业发展，体现了共产党人的理想人格、优秀品格和开拓精神，也体现了中华民族的伟大精神，孔繁森精神必将成为新时期党员领导干部健康成长的重要精神营养。

孔繁森同志创新边贸，激活经济识远见；千方百计，促进教育铸根基；身体力行，提升医疗自当先；大胆创业，改善民生护初心，他用具体行动展现了党员领导干部崇高卓越的精神风貌、艰苦奋斗的精神风貌和艰苦创业的理想追求，激励着我们不断奋勇前进。当前形势下，领导干部要深入持久地开展学习孔繁森活动，继承孔繁森精神，扛起稳定第一责任，抓牢发展第一要务，坚持生态第一原则，深入实践，锐意进取。

积极发扬开拓进取精神就是要不断强化责任意识。责任意识就是要求领导干部在大是大非面前敢于亮剑，在矛盾冲突面前敢于迎难而上，在危险困难面前敢于挺身而出，在歪风邪气面前保持浩然正气，在错误失败面前敢于承担责任。每一名党员干部都要有攻坚克难的勇气、百折不挠的精神、充满激情的干劲，要有战胜一切艰难险阻的勇气和力量，积极面对各种难题、矛盾，迎难而上、逆势作为，以坚强的党性、昂扬的斗志、科学的方法，带领广大群众，砥砺前行，攻克前行路上的“硬骨头”和“拦路石”，不断推动中国的各项事业取得长足的进步和发展。

### （三）全心全意为人民的爱民精神

坚持以人民为中心是习近平总书记反复强调的核心价值取向。习近平总书记指出：“带领人民创造幸福生活，是我们党始终不渝的奋斗目标。”坚持以人民为中心是新民主主义革命取得伟大胜利的重要保证，也是社会主义革命取得伟大成就的内在动力，是社会经济取得跨越式发展的精神源泉，更是推动中国特色社会主义事业不断向前的强大根基。坚持以人民为中心，是要把实现人民幸福作为一切工作的目的和归宿，是习近平总书记深刻把握共产党执政规律提出的重要思想理论，是习近平总书记治国理政始终如一的施政理念。

为中国人民谋幸福，为中华民族谋复兴，是中国共产党人的初心和使命。作为一名领导干部，孔繁森对人民怀有深厚的情谊。他首先是一个充满大爱之心的好人，其次才是执政为民、廉洁勤政、无私奉献、献身人民的好干部。他总是出现在人们需要他的时候，在西藏最艰苦的阿里地区，藏族农牧民称孔繁森为“药箱书记”。粗通医术的孔繁森，每次下乡都身背药箱，义务为群众防病治病，他用胸口为聋哑老人暖脚，给患肺病的藏族同胞吸痰，为了养育三个藏族孤儿献出900毫升鲜血，风雪中把自己的毛衣脱给一位藏族老阿妈，翻山越岭看望大山里的小学老师，千方百计解决宗教人士行医办学的问题，探望边防官兵，处理缺少执勤马匹、牦牛和烤火用的牛粪的问题……短短一年多时间，孔繁森走访98个乡镇，行程8万多公里……他为人民奉献了博大、深沉和无私的爱。在孔繁森看来，全心全意为人民服务，不应该流于口号，而要内化于心，外化于行。作为党员领导干部的楷模，孔繁森一直坚守为人民谋幸福的初心，践行为中华民族谋复兴的使命。他为人民而活着，为人民而奋斗，为人民而献身，这是他爱党爱民的具体表现。

孔繁森同志能够成为新时期共产党员和领导干部学习的楷模，不仅仅是因为他树立了正确的世界观、人生观、价值观，具有崇高的理想和坚定的信念，更是因为早在20多年前他就已经做到了全心全意为人民。爱人民是共产党人站稳人民立场、增进群众感情的内在要求。作为一名基层党员干部，孔繁森是忠诚担当的基层守望者，是不忘初心、牢记使命的基层实践者，是温情履职、心系群众的人民公仆，他把毕生精力乃至生命都放在了人民身上。孔繁森精神体现的以人为本、尊重生命、关爱他人的人类基本价值观是我们走向复兴、走向世界的精神财富。

## 三、孔繁森精神对新时期领导干部价值取向的引领

也许，历经沧桑，岁月改变了山河，但是精神永远不会在历史的长河里消失。孔繁森的忠诚、无私精神，将跨越时空，成为中国共产党和人类永恒的追求。作为新的历史时期成长起来的优秀领导干部，孔繁森是千千万万个领导干部中的优秀代表，他忠诚干净担当，始终一心为民，在新的历史条件下，用具体行动展现出党员领导干部为党和人民事业艰苦创业的理想追求以及艰苦奋斗的精神风貌。坚守理想信念是孔繁森精神的灵魂，忠诚干净担当的政治品格、积极开拓进取的创新精神、全心全意为人民的爱民精神是孔繁森精神的时代内涵，具有跨越世纪的现实价值。

### （一）把握了领导干部价值取向的本质与方向

党的十九大报告做出了中国特色社会主义进入新时代的科学判断和建设现代化强国的新部署，这是对8900多万共产党员的时代要求和使命召唤。使命呼唤担当，每一位共产党员必须立足新时代，以更加昂扬的斗志、饱满的激情、务实的作风，强力推进新时代中国特色社会主义伟大事业。新的历史时期，世情、国情、党情都发生了翻天覆地的变化，呈现出错综复杂的局面。

在这一关键时期，领导干部处于特殊重要的地位，起着特殊重要的作用，必须握好价值取向的标尺。各级领导干部要着重学习孔繁森顾全大局、无私奉献的坚强党性，求真务实的为民精神，廉洁自律的公仆精神，担当作为的开拓意识，坚定共产主义理想信念，弘扬勇于担当和无私奉献精神，坚守新时代共产党人的为民情怀。

在各个历史时期，共产党员中都涌现出许多优秀的领导干部，激励了千千万万的民众。这绝非偶然，而是中国共产党本质体现的历史必然。“为人民服务”五个大字在中国共产党的旗帜上屹然而立，这是党的基本宗旨。在中国共产党伟大旗帜的感召下，一批批共产党员前赴后继，义无反顾，为党和国家的事业奋斗终生。无论是在改革开放新的历史时期，还是在中国特色社会主义建设的新时期，共产党员始终站在时代最前列，是我们民族的脊梁，社会的中坚，时代的中流砥柱。孔繁森两次援藏的行为，事实上是对数十年后“不怕牺牲、不畏艰险、坚守信念、军民团结”的先遣连精神的生动诠释。孔繁森精神为新时代领导干部的价值取向进一步指明了方向。

### （二）提供了领导干部角色定位的标准与要求

习近平总书记在党的十九大报告中指出：“要坚持党管干部原则，坚持德才兼备、以德为先，坚持五湖四海、任人唯贤，坚持事业为上、公道正派，把好干部标准落到实处。”今天，中国社会经历了一场深刻的历史性变革，人们对物质文化有了全新的追求，价值观念也发生了翻天覆地的变化。在新的历史条件下，坚持党与人民群众血肉相连、鱼水相依的关系，保持优良传统和作风，对每一个党员干部来说，都是极大的考验。面对商品经济大潮的冲击，孔繁森仍能高扬理想和信念的旗帜，坚守忠诚干净担当，全心全意为人民服务，保持无私奉献的高尚情怀；在利益和诱惑面前，孔繁森仍能视个人名利“淡似狮泉河水”，浩然正气，与人民患难与共，令人敬仰。而有些领导干部在诱惑面前，忘记了入党时的誓言，失去了理想与信念，背离了党的宗旨，以权谋私，甚至贪赃枉法，不仅玷污了党旗，更败坏了党风。奉献与贪婪，崇高与卑劣，伟大与渺小，泾渭分明！

在全面建成小康社会的新征程上，领导干部要以奉献为人生价值的标尺，学习弘扬“老西藏精神”和孔繁森精神，全心全意为人民服务，人民至上，心系群众。意莫高于爱民，行莫高于乐民。共产党员要合格，要称职，就要全心全意为人民服务。领导干部要把全心全意为人民服务作为毕生的价值追求，亲民爱民、富民惠民，带着真情说话办事，出于真心为官做人，让群众有更多的“获得感”，为夯实党的执政根基，提高党的凝聚力和向心力添砖加瓦。领导干部要牢记习近平总书记的指示：“时刻把群众安危冷暖放在心上，及时准确了解群众所思、所盼、所忧、所急，把群众工作做实、做深、做细、做透。”① 民有所呼，我有所应，民有所求，我必满足，党员领导干部要心中有民，摆正位置，深入实际，创造经得起实践、人民和历史检验的业绩。

### （三）丰富了领导干部价值取向的内在精神与形式

习近平总书记指出：“长期以来，一代又一代共产党员扎根高原，艰苦奋斗，形成了‘老西藏精神’‘两路精神’等精神财富。……这种无私奉献、艰苦奋斗的精神什么时候都不能丢。”②

毛泽东同志说过，典型本身就是一种政治力量。孔繁森不仅是新中国成立以来为数不多的重大典型，更是进入改革开放新时期的先进典型，他的榜样意义是永恒的。他心甘情愿、理直气壮为人民服务的境界，不断学习、不断创新、砥砺奋进的作风，忠孝合一、家国一体、牺牲小我、培固大我的品格等，值得我们学习。他是时代先锋、民族脊梁、党和人民的骄傲、国家的荣光，孔繁森精神的光芒必将在新时代熠熠生辉。

新的世纪涌现出新的时代精神、新的时代风貌。改革开放需要孔繁森精神，民族复兴伟业也需要孔繁森精神，中国特色社会主义建设更需要孔繁森

①习近平．全面贯彻落实党的十八大精神要突出抓好六个方面工作［J］．求是，2013（6）．

②援藏干部：扎根雪域高原，矢志艰苦奋斗［EB/OL］．http：//dangjian. people. com. cn/n/2015/0907/c117092 – 27549882. html.

精神。新时代，党员领导干部要努力学习孔繁森精神，时刻践行、不断传承孔繁森精神，使孔繁森精神的内涵不断丰富，不断发扬光大。孔繁森精神会在实践中不断丰富发展，其内涵与外延将不断拓展，站在改革开放40周年这个历史节点上，领导干部要深入挖掘孔繁森精神的深刻内涵，汲取营养和力量，把理想信念的火种一代代传下去。

习近平总书记曾说："孔繁森、牛玉儒、郑培民等众多优秀领导干部，始终站在党和人民的立场上，树立坚定的理想信念，牢固树立和忠诚实践正确的世界观权力观事业观，焕发出顽强拼搏的奋斗精神，用实际行动阐释了共产党员人生最大价值和最高追求。"① 孔繁森的先进事迹，集中体现了新的历史条件下党员领导干部为党和人民事业艰苦创业、艰苦奋斗的理想追求和精神风貌，具有鲜明的时代特点。孔繁森以自己的模范行动塑造了一个党员领导干部的光辉形象，谱写了党员领导干部为人民事业、民族团结和民族复兴鞠躬尽瘁、死而后已的辉煌篇章，实践了共产党员全心全意为人民服务的宗旨，在人民群众的心中铸就了一座不朽的丰碑。在以习近平同志为核心的党中央坚强领导下，在实现中华民族伟大复兴中国梦的伟大征程中，党员领导干部要践行社会主义核心价值观，固本、强基、践行，加强自身修养，发挥模范带头作用，把有限的生命投入到无限的为人民服务中去，忠诚而踏实地为人类伟大的事业贡献自己的力量。

**参考文献：**

[1] 高杉．共产党员爱的最高境界是爱人民［N］．中国纪检监察报，2019－08－06（008）．

[2] 孙向军．孔繁森承载的是"老西藏精神"［N］．西藏日报（汉），2019－08－05（006）．

①习近平．领导干部要树立正确的世界观权力观事业观［EB/OL］．中国社会科学网，（2019－09－12）．http//www.cssn.cn/zt/zt_ zh/dzyxzt/pandianxijnping/wenzhangwenzi/201507/t20150721_ 2088181.shtml.

[3] 位铁强. 坚持知行合一做到忠诚干净担当 [J]. 河北水利, 2019 (07): 4 - 7.

[4] 吴德刚. 在"守初心、担使命"中锤炼忠诚干净担当的政治品格 [J]. 中国纪检监察, 2019 (14): 10 - 13.

[5] 许帆婷, 王维东, 窦豆, 等. 锻造忠诚干净担当的高素质干部队伍 [J]. 中国石化, 2019 (06): 18 - 20.

[6] 刘奇军. 以史为鉴守正创新开拓进取奋发有为 [J]. 支部建设, 2019 (15): 27.

[7] 李光. 高原上的追寻——沿着孔繁森的足迹 [J]. 走向世界, 2018 (44): 74 - 77.

[8] 赵琴. 用"心"建设党员干部队伍 [J]. 山东青年政治学院学报, 2018, 34 (04): 47 - 52.

[9] 李小坚, 王珂珂. 孔子的君子思想与领导干部道德修养的价值取向 [J]. 湖南行政学院学报, 2017 (02): 101 - 103.

[10] 李云. 领导干部要做践行社会主义核心价值观的模范 [J]. 理论学习, 2017 (01): 60 - 63.

[11] 唐洲雁, 崔凤祥. 发挥先锋模范作用做合格共产党员 [J]. 前线, 2016 (08): 21 - 23.

[12] 黄东寿. 加强基层党员干部队伍建设的思考 [J]. 衡阳通讯, 2016 (05): 46 - 48.

[13] 黄建辉. 坚持"三严三实"培育和践行社会主义核心价值观[J]. 胜利油田党校学报, 2014, 27 (06): 101 - 104.

[14] 完颜亮. 共和国脊梁之孔繁森: 领导干部的楷模 [J]. 党史博采 (纪实), 2012 (07): 4 - 9.

[15] 高军. 从孔繁森看优秀领导干部的成长规律 [J]. 党政论坛, 2004 (08): 17 - 20.

（渠长根，浙江理工大学马克思主义学院院长、教授，主要从事红色文化和马克思主义中国化研究；王静，浙江理工大学马克思主义学院）

# 微媒体环境下孔繁森精神的传播路径研究①

孙玉荣

**提要**：孔繁森是领导干部的楷模，他身上体现的无私忘我、一切为了人民的精神永远是我们党和国家的宝贵财富。他不辱使命、勇于担当的精神已成为中国人民的集体记忆，他身上集中体现出来的坚定信念和崇高人格，已成为我们战胜一切困难的精神动力。要大力弘扬孔繁森精神，孔繁森精神永不过时，永远鲜活，历久弥新。新时期微媒体技术的迅速发展，为孔繁森精神的弘扬和传播提供了一个新的契机。本文通过对孔繁森精神传播现状进行梳理，对新时期多种传播路径的优势和劣势进行分析比较，从传播主体、传播内容和传播渠道等方面，提出了拓宽孔繁森精神传播的路径需要政府官方主导、社会力量协助、民众参与，借助各种微媒体、网络直播和VR（虚拟现实）、AR（增强现实）等将孔繁森精神输送出去，以提高孔繁森精神在领导干部和人民群众中的影响力，提高聊城在全国的知名度，带动聊城经济的发展。

**关键词**：微媒体；孔繁森精神；传播路径

## 一、绪论

### （一）研究背景

领导干部的楷模孔繁森，被誉为“九十年代的雷锋”“新时期的焦裕禄”

---

①本文系2020年度聊城市社会科学研究专项一般课题“历史文化研究”（编号ZXYB2020012）的阶段性成果。

"民族团结的典范"。他用真挚的爱民之情，赤诚的为民之心，强烈的富民之愿，谱写了最朴素的人文情怀，孔繁森身上体现的无私忘我、一切为了人民的精神永远是我们国家和社会的宝贵财富。转眼间，孔繁森已经离开我们25年了，但是人民对他的怀念并没有因为岁月流逝而减少。2018年12月18日，党中央、国务院授予孔繁森同志"改革先锋"称号。2019年9月，孔繁森入选中宣部、中组部、教育部等联合组织评选的全国"最美奋斗者"名单。他不辱使命、勇于担当的精神已成为中国人民的集体记忆，已成为中华民族的骄傲。他身上集中体现出来的坚定信念和崇高人格，已成为我们战胜一切困难的精神动力。尽管时代变了，条件变了，可是共产党人全心全意为人民服务的初心没有变，时代需要孔繁森这样的领导干部，青年大学生需要孔繁森精神的价值引领。习近平指出，要大力弘扬孔繁森精神，孔繁森精神永不过时，永远鲜活，历久弥新。

近年来，随着4G网络的发展，微博、微信、微视频、直播平台等新的传播媒体如雨后春笋般纷纷涌现，令人应接不暇，上自国家领导，下到寻常百姓，人们第一时间了解信息，大多是通过移动媒体实现的。微传播的即时性、现场感和生动的表达使其传播力超过了包括电视和报纸在内的传统媒体。传统的电视、广播、报纸等传播渠道由于受到时间、空间等因素限制，已经完全不能适应微媒体环境下的传播要求。

在新的时代背景下，如何进一步彰显和弘扬孔繁森精神，让时代英雄的精神得到传承和发展，值得我们深入思考。山东聊城是孔繁森的故乡，也是孔繁森品德意志得以锤炼的精神家园。把握孔繁森精神的内涵，让孔繁森精神走入千家万户，影响更多的时代青年，是聊城教育工作者的神圣使命和光荣职责。

### （二）研究现状

#### 1. 孔繁森精神研究现状

最早一篇关于孔繁森的文章是大众日报记者魏武1995年2月15日发表在《山东农业》上的纪念文章《矗立在藏鲁人民心中的丰碑——记优秀援藏干

部、西藏阿里地委书记孔繁森》。1995 年 3 月 15 日，《社会工作》杂志社署名“本刊评论员”发表的文章《用孔繁森精神做好社会工作》最早用到“孔繁森精神”一词。

1995 年 4 月 7 日，发表于《人民日报》的长篇通讯《领导干部的楷模——孔繁森》标志着“孔繁森精神”塑造成型。这篇新闻报道助推了全国范围学习孔繁森精神的热潮，此后相关的新闻报道如雨后春笋般涌现。1995 年 4 月 15 日，新疆社会科学院石来宗发表于《新疆经济》第二期上的文章《实践共产主义道德的光辉典范——论孔繁森精神的意义》是最早以“孔繁森精神”作为研究对象的理论文章。

关于孔繁森精神的内涵的文章以何伟光等人的《孔繁森精神——共产党人的宝贵财富》和李焕明的《孔繁森精神的三个融合》等为代表。从孔繁森精神的生成与传承方面进行研究的有葛序太、任银平的《论孔繁森精神形成的基础》等。这些文章主要以通讯、怀念性文章或文艺创作为主，发文作者主要来自党政机关、党校和社科理论机构，高校和企业的参与占比很小，从发文地域来看以山东省尤其是聊城市为主。关于孔繁森精神的著作，以《孔繁森的人生哲学》《让孔繁森精神永驻人间》《孔繁森的价值观》和《孔繁森精神研究》等为代表。总的来说，这些文章和出版物不仅把研究孔繁森精神的活动引向深入，也促进了我国学术界关于价值观和人生哲学的探索，拓宽了孔繁森精神的研究领域。

进入 2000 年以后，研究、宣传孔繁森精神的文章和著作逐渐减少。从二十多年来研究孔繁森精神的机构和热度来看，响应党和国家的宣传号召是研究热潮出现的主要原因，企业和高校参与得不多。

除了传统纸质媒介如报纸、杂志和图书的传播，1995 年以后孔繁森精神的传播迅速由新闻传播转向艺术传播，陈国星导演、著名演员高明主演的电影《孔繁森》和王文杰导演的电视剧《孔繁森》相继问世，引起社会民众对孔繁森精神的极大关注和讨论，直到今天，电影《孔繁森》依然是全党群众路线教育的生动影像教材。其间，弘扬孔繁森精神的戏剧、话剧等艺术形式也大量出现，如大型纪实音乐片《公仆的足迹》、话剧《人民公仆孔繁森》、歌舞剧《雪城丰碑》、京剧《圣洁的心灵》、专题片《孔繁森走过的路》，等等。弘扬孔繁森精神的地方性作品有山西省话剧院的大型散文式叙事话剧《孔繁森》，吉林省四平市话剧团的无场次话剧《人民公仆孔繁森》，山东省济南市歌舞团的大型歌舞剧《雪城丰碑——孔繁森》，西藏老龄委和西藏话剧团合作的大型纪实报告剧《孔繁森》，西藏歌舞团创作的大型歌舞剧《高原之子》，等等。

从电影到电视剧，再到话剧、京剧、原创歌舞剧，“人民的好公仆”孔繁森的形象通过不同的传播介质生动地展现在普通老百姓面前，虽然形式不一，但都是通过挖掘主人公的精神世界，使得孔繁森成为中国演艺和影像史上一个不可磨灭的形象。

2. 孔繁森精神传播路径研究现状

通过梳理知网、万方、百度学术等文献网站的成果得知，目前还没有关于孔繁森精神传播路径的研究成果，但是有些类似的研究成果可作为借鉴，比如《井冈山红色文化在高职院校传播的路径研究——以吉安职业技术学院为例》认为要“借助书籍、红色电影、舞剧、思政课堂教学、红色校园文化等形式传播井冈山红色文化”；户可英、赵会娜的《网络视域下重庆红色文化传播路径研究》提出“采用网络红色动漫、红色游戏，再现红色文化场景”等传播方式；江西财经大学袁振宇在硕士论文《文化传播视野下的长征精神》中提出“要充分重视各种传播媒介与传播手段的运用”；四川师范大学马克思主义学院余姣等人在《论长征精神在大学生思想政治教育中的运用——以“大数据 + 新媒体”为载体》一文中提出“建立专业化平台弘扬红军长征精神”“建立具有高校特色的大数据平台弘扬红军长征精神”等观点。这些思路和观点为我们研究孔繁森精神的传播路径提供了借鉴。

综上所述，虽然已有学者从孔繁森精神的意义、内涵以及孔繁森精神对广大党员干部的价值引领等角度对孔繁森精神做过众多研究，成果颇丰，但是从微媒体传播的角度对孔繁森精神进行研究的文章或者著作几乎没有学者涉及。

新时期孔繁森精神的传播也需要与时俱进，跟上时代的潮流，因此要积极拓宽孔繁森精神的传播路径，使更多的人关注和研究孔繁森精神。

## （三）研究目的和意义

### 1. 研究目的

通过整合优势资源、创新传播模式、充分利用各种现代化微媒体拓宽传播渠道，将微媒体传播和传统传播方式相结合，以期推动孔繁森精神进一步传播发展，提高孔繁森精神在领导干部和人民群众中的影响力，宣传聊城，增加聊城在全国的知名度，带动聊城经济的发展。

### 2. 研究意义

在微媒体环境下传播孔繁森精神有利于增强传播时效性，营造风清气正的微媒体空间，让广大党员群众广泛了解、接受并自觉践行孔繁森精神，加深对中国共产党革命精神和红色文化的认同，为营造风清气正、生态良好的网络空间做出贡献。

## （四）研究方法

### 1. 文献资料法

在研究过程中，收集、查阅、整理了国内学者关于孔繁森精神研究的报刊、专著等文献，参考了中国互联网络信息中心、中国知网、读秀等多家网站的资料。

### 2. 问卷调查法

为准确把握微媒体环境下孔繁森精神的传播现状，课题组通过问卷调查，收集微媒体使用状况和对孔繁森精神的认知状况，并通过分类比较，用表格、图表等方式对数据进行数字化处理。

### 3. 多学科综合分析法

在研究过程中，充分运用思想政治教育、传播学、教育学等多门学科的理论综合分析问题，对以微媒体为载体传播孔繁森精神的机制和方法进行了积极探索。

## 二、调研结果与分析（现状分析）

### （一）调研对象的基本情况

1. 调研对象来源：本次收到有效问卷共 869 份，其中山东省内共 586 份，占比 67. 43%；山东省外共 283 份，占比 32. 41%（如图 1 所示）。

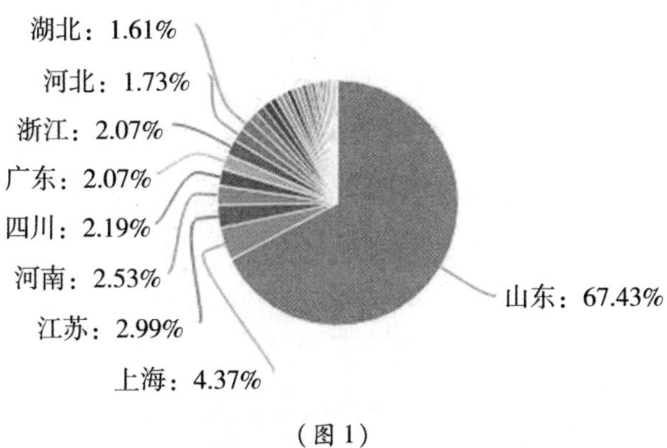


（图 1）

2. 调研对象年龄段：25 岁以下共 460 人，占比 73. 65%；26 ~ 39 岁共 77 人，占比 8. 86%；40 ~ 59 岁共 142 人，占比 16. 34%（如图 2 所示）。

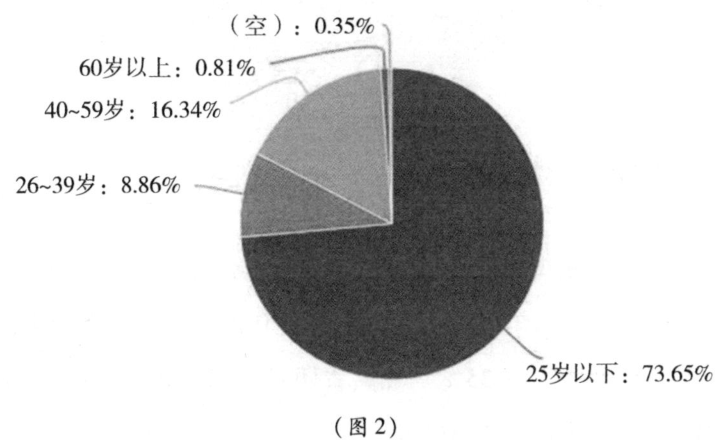


（图 2）

3. 调研对象的教育经历：专科或高职在读共 503 人，占比 57. 88%；本科或研究生在读共 173 人，占比 19. 91%；已经参加工作的共 169 人，占比 19. 45%；提交其他和空白问卷的共 24 人，占比 2. 76%（如图 3 所示）。

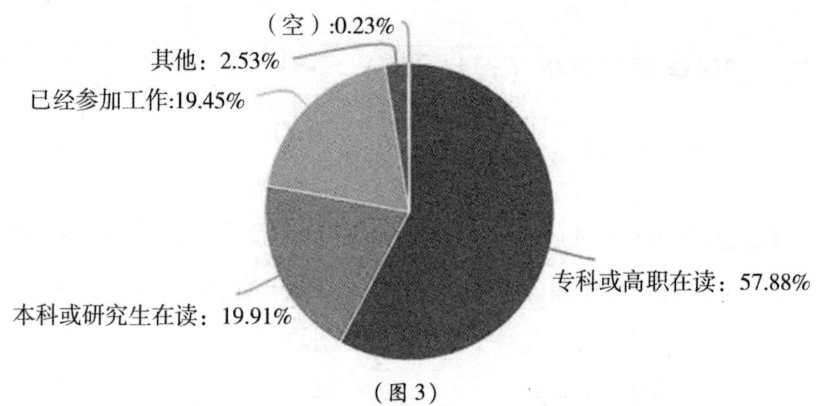


（图 3）

4. 调研对象的政治面貌：中共党员 116 人，占比 13.35%；共青团员 453 人，占比 52.13%；民主党派 7 人，占比 0.81%；群众 292 人，占比 33.6%（如图 4 所示）。

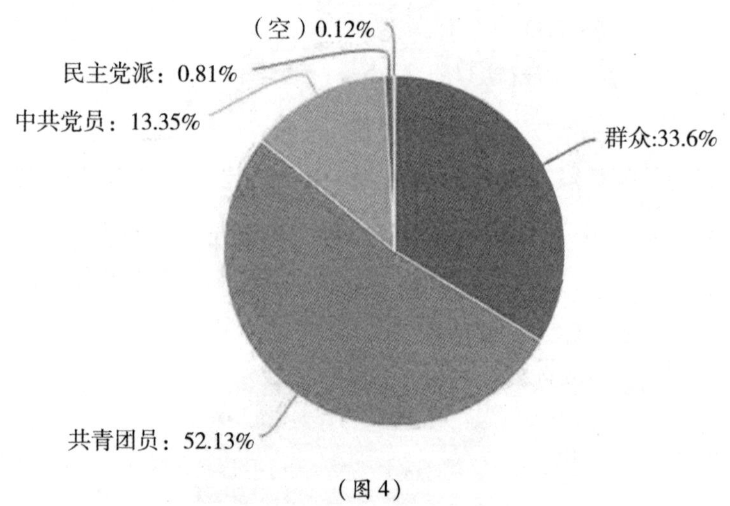


（图 4）

通过以上调查结果可以看出，调研对象大部分来自山东（67.43%），以 25 岁以下（73.65%）的年轻人为主，专科及其以上的在校大学生占总人数的 77.79%，中共党员（13.35%）和共青团员（52.13%）占大多数，群众占比 33.6%，民主党派占比 0.81%。

## （二）调研结果及分析

1. 是否看过关于孔繁森的书籍、电影或纪录片？看过很多的有 144 人，占比16.57%；看过一点的有645人，占比74.22%；从来没有看过的有76人，占比8.75%；此项选择空缺4人，占比0.46%（如图5所示）。

第5题：你看过关于孔繁森的书籍、电影或纪录片吗？［单选题］

| 选项♦ | 小计♦ | 比例 |
| --- | --- | --- |
| 看过很多 | 144 | 16.57% |
| 看过一点 | 645 | 74.22% |
| 从来没有 | 76 | 8.75% |
| （空） | 4 | 0.46% |
| 本题有效填写人次 | 869 | |

（图5）

2. 你是通过什么途径了解孔繁森精神的？通过书刊、电影、电视、歌舞剧、歌曲或者他人讲解了解孔繁森精神的占比70%左右；通过微信、微博、朋友圈了解孔繁森精神的占比只有27.5%；通过抖音、哔哩哔哩、快手、火山等短视频了解孔繁森精神的占比25.66%；通过实地参观学习了解孔繁森精神的占比49.48%（如图6所示）。

第9题：你是通过什么途径了解孔繁森精神的？［多选题］

| 选项♦ | 小计♦ | 比例 |
| --- | --- | --- |
| 老师讲解、亲戚朋友讲解 | 619 | 71.23% |
| 课本、课外书籍、杂志 | 606 | 69.74% |
| 电视、电影、歌舞剧、歌曲等 | 573 | 65.94% |
| 抖音、哔哩哔哩、快手、火山等短视频 | 223 | 25.66% |
| 微信、微博、朋友圈 | 239 | 27.5% |
| 孔繁森纪念馆、孔繁森在西藏居住过的地方、孔繁森的老家等实地参观学习 | 430 | 49.48% |
| （空） | 11 | 1.27% |
| 本题有效填写人次 | 869 | |

（图6）

3. 73.88%的被调查者认为孔繁森精神并没有过时，希望能进一步弘扬孔繁森精神；10.59%的被调查者认为孔繁森精神已经过时；15.07%的被调查者对孔繁森精神是否过时不太清楚（如图7所示）。

第6题：当今时期孔繁森精神是否已经不再符合社会发展？［单选题］

| 选项♦ | 小计♦ | 比例 |
|---|---|---|
| 是 | 92 | 10.59% |
| 不是 | 642 | 73.88% |
| 不清楚 | 131 | 15.07% |
| （空） | 4 | 0.46% |
| 本题有效填写人次 | 869 | |

（图7）

4. 认为孔繁森知名度很高和影响力较大的占比60.18%，认为孔繁森知名度一般的占比27.39%；认为孔繁森最近没什么影响的占比8.98%；认为孔繁森知名度较低，没什么影响的占比2.88%（如图8所示）。

第8题：您认为孔繁森的知名度和影响力如何？［单选题］

| 选项♦ | 小计♦ | 比例 |
|---|---|---|
| 知名度很高，影响较大 | 523 | 60.18% |
| 知名度一般，有影响 | 238 | 27.39% |
| 最近没什么知名度，影响较小 | 78 | 8.98% |
| 知名度较低，没影响 | 25 | 2.88% |
| （空） | 5 | 0.58% |
| 本题有效填写人次 | 869 | |

（图8）

5. 你认为什么形式传播孔繁森精神效果最好？认为书籍报刊、电影电视等传统传播方式好的占比74.57%；认为讲师团、交流座谈、实地走访的形式效果好的占比63.52%；认为VR、AR等模拟仿真技术效果好的占比39.36%；认为微信、微博、抖音、快手、哔哩哔哩等短视频效果好的占比67.32%（如图9所示）。

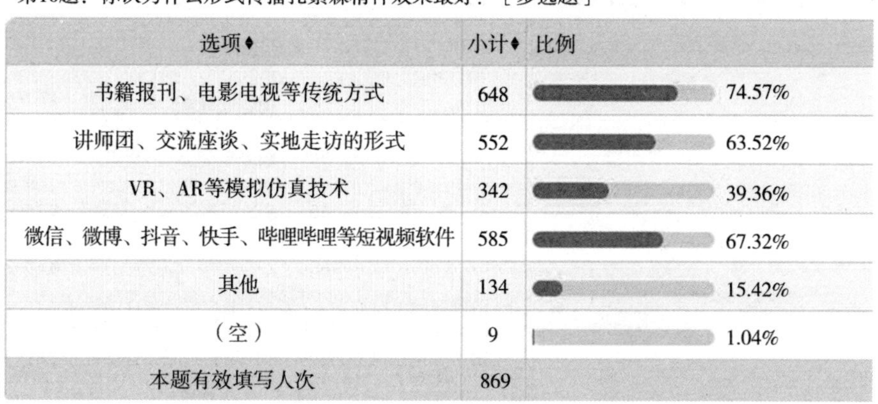

第10题：你认为什么形式传播孔繁森精神效果最好？［多选题］

| 选项 | 小计 | 比例 |
|---|---|---|
| 书籍报刊、电影电视等传统方式 | 648 | 74.57% |
| 讲师团、交流座谈、实地走访的形式 | 552 | 63.52% |
| VR、AR等模拟仿真技术 | 342 | 39.36% |
| 微信、微博、抖音、快手、哔哩哔哩等短视频软件 | 585 | 67.32% |
| 其他 | 134 | 15.42% |
| （空） | 9 | 1.04% |
| 本题有效填写人次 | 869 | |

（图 9）

6. 目前孔繁森精神的传播存在的突出问题：认为传播方式单调，宣传意味浓厚的占比 62. 37%；认为受众面小的占比 62. 14%；认为缺少喜闻乐见的宣传形式的占比 59. 03%；认为开发利用意识不强的占比 33. 03%（如图 10 所示）。

第11题：您认为目前孔繁森精神的传播存在什么突出问题吗？［多选题］

| 选项 | 小计 | 比例 |
|---|---|---|
| 传播方式单调，宣传意味浓厚 | 542 | 62.37% |
| 受众面小 | 540 | 62.14% |
| 缺少喜闻乐见的宣传形式 | 513 | 59.03% |
| 开发利用意识不强 | 287 | 33.03% |
| （空） | 7 | 0.81% |
| 本题有效填写人次 | 869 | |

（图 10）

7. 宣讲孔繁森精神是否有利于推进地方经济文化的发展？认为一定有利于推进地方经济文化发展的占比 47. 76%；认为可能会推进地方经济文化发展的占比 45. 8%；认为不一定会推进地方经济文化发展的占比 5. 75%（如图 11 所示）。

第12题：你认为宣讲孔繁森精神是否有利于推进地方经济文化发展？［单选题］

| 选项♦ | 小计♦ | 比例 |
|---|---|---|
| 一定会 | 415 | 47.76% |
| 可能会 | 398 | 45.8% |
| 不一定 | 50 | 5.75% |
| （空） | 60 | 0.69% |
| 本题有效填写人次 | 869 | |

（图 11）

8. 认为宣传孔繁森精神主要依靠党和政府的占比 28.54%；认为宣传孔繁森精神主要依靠大中小学校的占比 27.73%；认为宣传孔繁森精神主要依靠社会力量的占比 39.24%（如图 12 所示）。

第13题：您认为宣传孔繁森精神主要依靠［单选题］

| 选项♦ | 小计♦ | 比例 |
|---|---|---|
| 党和政府 | 248 | 28.54% |
| 大中小学校 | 241 | 27.73% |
| 社会力量 | 341 | 39.24% |
| 其他 | 31 | 3.57% |
| （空） | 8 | 0.92% |
| 本题有效填写人次 | 869 | |

（图 12）

### （三）孔繁森精神传播现状及存在的问题

1. 传播主体以政府和官方媒体为主，形式单一。近年来，国家高度重视红色文化事业的发展及红色文化形式的呈现，聊城市立足本地红色文化资源，非常重视对孔繁森精神的开发与弘扬。2019 年 7 月，孔繁森纪念馆联合聊城职业技术学院成立了“孔繁森精神与红色文化”研究院。2019 年 11 月，聊城市委宣传部、聊城市社会科学界联合会、孔繁森同志纪念馆、聊城职业技术学院联合召开以“孔繁森精神与共产党人的初心使命”为主题的研讨会。2020 年 3 月，聊城市委组织部召开孔繁森精神新时代内涵研讨会。2020 年 4 月，为了纪念党中央号召向孔繁森同志学习 25 周年，市委组织部等部门联合推出“学习孔繁森精神月”系列活动。

2. 传播内容以官方语言为主，受众认知度与认同感偏低。传统的纸媒或者电视在传播用语上，多采用官方政治话语，从传播学的角度来看，官方宣传报道一般严肃有余、活泼不足，容易使人产生审美疲劳，而在新媒体时代，受众的主体地位不断提升，单向式的说教缺少有效互动，因而不容易被受众接受。从问卷调查来看，62. 37% 的被调查者认为传播方式单调，宣传意味浓厚；62. 14% 的被调查者认为受众面小；59. 03% 的被调查者认为缺少喜闻乐见的宣传形式。

3. 传播方式依然以传统媒体为主，创新不足。对于孔繁森精神的传播，微媒体运用的情况远远滞后于微媒体发展的速度，调查显示 73% 的受众是通过书籍、电影电视等传统媒体或者现场参观学习的途径学习了解孔繁森精神，通过微信、微博或者抖音、快手等微媒体渠道了解孔繁森精神的占比只有 27. 36% 。

孔繁森精神的主要传播渠道仍然是报纸宣传、电视播报以及期刊文章研究，而类似于微信公众号、微博、微视频直播等微传播媒介并没有得到很好的运用。虽然孔繁森纪念馆的官方账号也入驻了微博和微信，但是只有微信公众号相对活跃，每隔一两天会有内容更新。微博账号相对滞后，最近一次更新是 2019 年的 8 月 4 日，粉丝只有 933 人。截至 2020 年 8 月，孔繁森官方账号没有入驻抖音、快手、哔哩哔哩、西瓜视频等微媒体。

## 三、微媒体环境下孔繁森精神的传播路径

### （一）政府官方主导、社会力量协助、民众参与

孔繁森精神的传播和弘扬离不开政府的主导和支持，但是只有官方的声

音是不够的，习近平总书记指出：“群众是真正的英雄，人民群众是我们力量的源泉。”在微媒体时代，人人都是麦克风，群众是传播和弘扬孔繁森精神的重要力量。政府要出台相应的政策法规，制定具有针对性和可操作性的政策，在资金、人才培养等方面给予一定的支持，提高群众和社会力量参与传播和弘扬孔繁森精神的积极性和主动性。比如可以通过开设培训课程、举办公益讲座等方式提升聊城市公民的媒介素养，使人民群众增强对孔繁森精神的价值认同，使每个聊城人都以孔繁森为荣，以自己生活在孔繁森的故乡而骄傲，自发地传播孔繁森精神，成为传播活动的受益者和传播成果的共享者。

打通官方和民间“两个舆论场”，既能形成传播合力，还能确保传播的政治方向、舆论导向、价值取向，是传播和弘扬孔繁森精神的有效路径之一。

### （二）整合传播内容，优化传播质量

整合传播内容，从单纯的价值观传播走向故事传播，还原孔繁森在西藏工作的细节，通过故事传播孔繁森精神的内核，增强受众的代入感，站在一个普通人的角度，再发展、再创造、再挖掘孔繁森精神。微媒体集图、文、声、像于一体，是人们获得资讯的重要渠道。依托新媒体技术，将要展现的内容从平面转向立体、从静态转向动态，融合文字、图片、影像、动画等，借鉴流行文化元素，开发短信、动漫、小视频等形式的传播内容，对孔繁森精神进行多角度、多层次的阐述，让受众乐于接受，并积极地互动传播。利用先进的虚拟情境等技术，引导受众去触摸有温度的故事，体会有血有肉的精神与品格。

### （三）借助新媒体技术拓宽传播渠道

微媒体具有资源丰富、传播速度快、受众广泛、阅读方便、影响力大的特点，更符合现代人碎片化阅读的习惯，利用微媒体传播平台，可以让“经典”展现不再冗长，更适合草根文化的快餐式表达。近年来，微信、微博、微视频等平台吸引了大量公众号入驻，并且取得了良好的效果。新华社、人

民日报、光明日报、新京报等早已进驻了微信、微博、抖音、西瓜视频等微媒体平台，一些网络大 V 的粉丝人数高达几百万上千万，影响力远远超过一份大报。2019 年国庆节前夕，短视频“这盛世，如你所愿，山河犹在，国泰民安”刷爆抖音号和微信朋友圈，大家纷纷通过抖音、哔哩哔哩、西瓜视频等社交媒体进行传播，取得了良好的效果。借助微媒体，对现有资源进行整合，在多种媒体平台上开通并完善官方账号，增强传播内容的深度和广度，通过创新传播模式来讲好新时期的孔繁森故事是当今弘扬孔繁森精神的重要任务。

此外，通过 VR、AR 等计算机仿真系统模拟现实，开展重走孔繁森走过的道路活动，实现 720 度全景无死角 3D 沉浸式观感，参观者能看到“天”和“地”的全景，配合 VR 头盔的陀螺仪传感器，当参观者头部转动时，看到的画面也会同步切换，融入虚拟场景。这种新型沉浸式体验在场馆展示中非常受参观者欢迎，并且效果突出。2017 年，上海推出互联网沉浸式红色体验之旅“中共一大回到 1921”，使参观者成了历史事件的“参与者”，亲身感受鲜活的红色历史，留下了深刻的印象。

西藏地处偏远，大部分人没有机会去体验当地的生活，对于当地恶劣的气候条件和特别的生活饮食习惯以及宗教信仰等也不了解。聊城市孔繁森纪念馆也可以引进 VR、AR 等模拟仿真技术，让参观者沿着孔繁森的足迹走近阿里、岗巴等偏远的雪域高原，感受孔繁森这些年在西藏的艰辛和不易，拉近参观者与楷模人物的距离，把宣传典型人物的行为从“仰视文化”转变为大众文化，使孔繁森的人物形象更接地气、更有人气。

最后，还可以在快手直播平台申请孔繁森纪念馆公众账号进行直播；在喜马拉雅平台开通账号，讲述孔繁森的故事或者进行诗朗诵；在唱吧里推荐合唱电视剧《孔繁森》的主题曲《走进西藏》；通过慕课网、腾讯课堂、学习强国、灯塔－党建在线等网络学习平台，开发有关孔繁森精神的教学课程；与服务类、资讯类信息相融合，充分利用微媒体平台，向群众推送孔繁森故事、诗歌朗诵等。

总之，我们必须牢记总书记的嘱托，抓住新媒体技术变革的契机，从传播主体到传播内容再到传播方式，全面优化孔繁森精神的传播策略，切实提升传播质量与效果，将孔繁森精神输送出去，达到全面及时的育人效果。

**参考文献：**

[1] 曹月娟，程俊超．新媒体时代红色文化传播传承路径 [J]．青年记者，2020 (20)：85 – 86.

[2] 张秀丽．移动互联网时代典型人物的精神传播研究——以焦裕禄精神为例 [J]．出版广角，2015 (12)：90 – 91.

[3] 滕慧君．全媒体时代红色文化传承路径探析 [J]．人民论坛，2020 (22)：138 – 139.

[4] 张龙．孔繁森价值精神研究——以人民日报新闻报道为例 [J]．2016 (5).

[5] 柴腾虎，永远的孔繁森 [M]．北京：人民日报出版社，2004 (11).

[6] 王云晓．高校红色文化“微传播”路径探析 [J]．新闻研究导刊，2019，10 (22)：27 – 28.

[7] 李爱娟．基于网络创新环境的沂蒙红色文化传播及路径选择 [J]．山东社会科学，2012 (06)：154 – 156.

[8] 周静．网络语境下高校红色文化传播的价值及实现路径 [J]．新闻知识，2011 (11)：22 – 24.

[9] 魏冠明．新媒体环境下沂蒙精神传播研究 [J]．青年记者，2020 (20)：87 – 88.

[10] 杨欣仪，薛少．全媒体时代红色文化在高校青年中的传播路径[J]．文化创新比较研究，2018，2 (12)：70 – 72.

**课题组负责人：**孙玉荣

**成　　　员：**孔祥云　高瑞鹏　尹　莉　杨兴勇

# 孔繁森精神嵌入思想政治理论课教学的路径研究

孙 剑

**摘要：** 红色资源是思政课教育教学的活教材，在助推思政课实现教学任务、拓展教育内容、提升教学效果方面发挥着独特价值。孔繁森同志作为全党学习的领导干部楷模，是在聊城大地上成长起来的优秀共产党员，是聊城人民的光荣和骄傲。通过深入挖掘孔繁森精神的深刻内涵和时代价值，将孔繁森精神蕴含的红色基因密码浸润到课堂教育教学、融入社团实践活动、扩展到思政网络平台，引导青年学生争做最美奋斗者，做社会主义合格建设者和可靠接班人。

**关键词：** 红色资源；孔繁森精神；党史学习教育；思政课教学

红色资源是中国共产党带领人民群众进行新民主主义革命而留下的革命遗址、革命文物、革命人物及其所承载的革命精神，特指从中国共产党成立到中华人民共和国成立期间各革命历史时期的重要纪念地、纪念物及其蕴含的革命精神。红色资源蕴藏着中国共产党人在浴血奋战中坚守的崇高理想、革命信念。

聊城作为著名的革命老区，是蕴藏红色资源的丰沃土壤，我们要充分利用孔繁森精神发祥地这一独有政治优势，探寻孔繁森精神与思政课教育教学结合路径，发挥孔繁森精神的天然育人功能，培养“孔繁森式”的优秀青年，更好地服务聊城地方经济社会发展。

## 一、孔繁森精神在思想政治理论课中的价值

红色资源是思想政治理论课教育教学的活教材，红色资源的挖掘利用与思想政治理论课教学之间存在着内在的关联与契合。孔繁森精神作为地方红色文化资源，其包含的对党无限忠诚、顾全大局、无私奉献的坚强党性，对人民群众无限赤诚、热爱人民、服务人民的满腔热忱，对事业执着、开拓进取、求真务实的担当精神，清廉坚守、艰苦奋斗、廉洁奉公的崇高品德，在夯实高校思想政治教育的文化内涵、丰富高校思想政治教育的教学资源、提升高校思想政治教育的教学实效等方面具有独特价值。

### （一）夯实高校思想政治教育的文化内涵

红色资源是承载中国共产党波澜壮阔的革命史、摸索前行的奋斗史的重要文化资源，是宝贵的历史文化遗产，也是进行思想政治教育必不可少的重要财富。中国共产党在长期的革命斗争实践中积累的革命道德及为共产主义而奋斗终生的革命精神，对中华优秀传统文化的继承和社会主义先进文化的发展都具有重要的指导和借鉴意义，具有强大的生命力。要深入挖掘和利用孔繁森精神凝聚的政治智慧、精神力量、道德养分，结合经济社会发展实际赋予其新的时代价值，进而为思想政治理论课提供更加深厚的文化内涵。

### （二）丰富高校思想政治教育的教学资源

中国共产党从建党之初，在长期的革命、建设和改革的不同时期，都始终高举马克思主义旗帜，为共产主义而奋斗；坚持为人民服务的宗旨，践行群众路线，提倡奉献、牺牲精神，这些都是高校思想政治教育可以借鉴的宝贵内容。以聊城特色红色资源为例，孔繁森纪念馆、革命烈士陵园、范筑先革命烈士纪念馆等红色场所展现的动人心魄的精神力和意志力，为思想政治理论课教学提供了耳熟能详的鲜活案例。

孔繁森精神的内涵、时代价值和现实意义是当前高校思政课引领学生坚定理想信念、弘扬民族精神、塑造良好道德品质、提升人文素养的最好教科书与营养剂，使思政教育更容易浸润到学生心底。

### （三）提升高校思想政治教育的教学实效

马克思主义理论由于本身的系统性、抽象性、深刻性，以及知识的广博性，对于高职院校学生而言，采用单向式说教或单纯性体验的教学方法，不容易引发情感共鸣，容易流于理论说教。地方红色资源所包含的历史遗址遗迹、历史事件、革命先烈故事等是学生从小就熟知和了解的，在表现形式上也更加直观生动形象，能有效填补思政教学所缺少的历史背景、文化内容，为理论提供坚实的事实论证和支撑，有助于拉近与学生的情感和认知距离，让教学内容更加可亲、可近、可信，从而提高思想政治理论教育的实效性。

## 二、孔繁森精神嵌入思想政治理论课的途径

为贯彻落实好习近平总书记“要把红色资源利用好、把红色传统发扬好、把红色基因传承好”的重要指示，按照市委书记孙爱军“深入挖掘孔繁森精神的深刻内涵，从中汲取营养和力量，不忘初心、牢记使命，为加快推动聊城高质量发展而努力奋斗”的指示精神，深入挖掘孔繁森精神与红色文化的核心价值，加强对聊城红色资源的挖掘和转化运用。

### （一）融入课程：以传承红色基因为抓手提升育人质量

落实习近平总书记“理直气壮开好思政课，把立德树人的根本任务真正落实到位”的要求，发挥课堂主阵地作用，把工作成果融入课程和课堂。

1. 匠心开设孔繁森精神选修课。在开设思政必修课程的基础上，开设党史、新中国史、地方史（聊城红色记忆之孔繁森精神专题）选修课，形成全方位立体化课程育人体系。通过情景再现、学术交流、课堂教学让更多的学

生了解孔繁森同志的先进事迹，学习弘扬孔繁森精神，厚植家国情怀。

2. 打造孔繁森精神专题教育“一堂课”。面向党员干部、社区群众、高职学生和中小学生四个群体分别打造专题教育“一堂课”，根据不同受众选取不同的切入点，力求孔繁森精神教育更具针对性，并通过精品党团课送讲活动，让孔繁森精神扎根聊城，落地开花。

3. 精心设计红色实践研学。党的历史，是红色历史，血脉相承。聊城是一座历史文化名城，孔繁森同志纪念馆、范筑先纪念馆、张自忠纪念馆、刘邓大军渡河指挥部旧址、马本斋烈士陵园、鲁西北烈士陵园，既是聊城的一笔精神财富，又是宝贵的红色教育资源。这些资源富含革命精神与中华优秀传统，为思想政治理论课教育教学活动提供了教学案例、应用资源和实践平台。

4. 组织“五老”现身课堂传经验。组建一支由老干部、老战士、老专家、老教师、老模范组成的“五老”思政育人队伍，邀请国内外研究孔繁森精神的专家学者、孔繁森同志的亲友家人、孔繁森同志纪念馆的工作人员入校与师生进行座谈交流，讲亲身经历和生活感受，让学生感受到生活中榜样的作用和力量。教育学生珍惜当下，努力拼搏，报效祖国，增强思政教育的凝聚力、感染力。

通过课程建设进一步深化对孔繁森精神和红色文化的研究，撰写论文，积极申报市、省乃至国家级研究课题，形成一批高水平理论研究成果，为全市红色资源的挖掘、利用，红色基因的传承提供借鉴；搭建孔繁森精神及红色文化研究院平台，深入挖掘孔繁森精神的深刻内涵，打造一支智库型的孔繁森精神和红色教育研究团队。

### （二）融入实践：以红色主题教育为引领开展实践活动

1. 组建学生社团，播撒红色种子。组建一批致力于开展红色主题教育的社团，开展红色阅读、红色宣讲、红色研学等活动，通过师生同讲孔繁森事迹等红色故事，共唱《公仆赞》等红色经典，将思想政治教育融入其中。同时，利用周末、假期，安排社团成员走访烈士家庭、抗战老兵等，听故事、察实情，多视角、多形式地把思想政治教育渗透到校园生活的各个角落。

2. 利用红色场馆，打造育人基地。“红色资源是学习和宣传我国主流意识形态的有形或无形载体，也是培育大学生社会主义核心价值观的优质文化土壤。”我们可以充分利用聊城丰富的红色场馆，与孔繁森同志纪念馆、聊城市革命烈士陵园、山东省委重建纪念馆等单位签订实践育人协议，共建实践育人基地，由思政课教师组织开展“寻访红色足迹”主题实践活动，进行现场教学；培育场馆志愿服务“讲解员”，在基地、纪念馆讲述历史事迹、英勇故事，让爱国主义教育入脑入心。

3. 牢记重大纪念日，培养爱国情怀。重大纪念日以及中国传统节日，凝结着中华民族的民族精神和民族情感。中国革命进程中有特殊意义的日子，是中国革命从胜利走向胜利的有力见证和记载。思政部全体教师要在熟悉教材脉络框架的基础上，探索各种节庆日、纪念日蕴藏的丰富红色资源与课程内容的切合点，将其融入思政课教学。如将爱国主义、理想信念教育贯彻新生入学教育全过程；在清明、端午、中秋等传统节日组织学生追思革命先烈，撰写心得；在五四青年节、七一建党节、十一国庆节等革命纪念日，组织学生参与升旗、宣誓，开展党史国史知识竞赛、“与祖国同奋斗”拓展训练等活动；在孔繁森同志逝世纪念日开展现场悼念、论坛、征文、演讲等活动……让学生在课堂实践中培养爱国情操，感受幸福生活，坚定理想信念，勇担历史重任。

### （三）融入网络：以网络平台为载体建设网络思想高地

1. 整合红色资源，建设网络在线课程。以精神谱系为研究视角，选取红船精神、井冈山精神、长征精神、延安精神、抗战精神、沂蒙精神、西柏坡精神、抗美援朝精神、大庆精神、雷锋精神、孔繁森精神、“两弹一星”精神等专题搭建网络学习资源，学生下载移动“学·习通”手机客户端，通过视频、音频、图片、文档等资源在线学习，完成专题任务，打造指尖上的红色阵地。丰富的思政课程网络资源推动“线上线下”思政课互融共进，让思政课“工艺”更精美，引领大学生践行社会主义核心价值观。

2. 借助“互联网+”网络平台，多角度进行推介。利用校报、校园网、“两微一端”等全媒体平台创新红色文化传播形式。在线学习红色资源、观看红色历史剧，切实感受红色遗迹、感悟革命岁月的洗礼；开辟专栏，重温红色历史，解读红色经典，刊登红色故事，推进红色文化研究；围绕聊城英模人物进行采访、拍摄微电影；邀请学界专家，围绕聊城在抗战中的历史地位和贡献、中华人民共和国成立以来取得的成就，举办专题论坛；组建“不忘初心、牢记使命”主题文艺演出队，挖掘搜集聊城英模人物的感人事迹，以年代为脉络，精心创作文艺剧目实现情景再现；选取“阿里人民盼望孔书记、孔繁森用地排车拉老母亲看花灯、孔繁森为母亲梳头、离别”等动人片段，打造《你就是山——追寻孔繁森足迹》原创精品红色剧目，表现孔繁森同志一心为公、大爱如山的革命情怀。

3. 离校不离师，红色育人血脉相连。学生在哪里，思政教育就延伸到哪里。即使学生在校外实习阶段，学校也应利用网络教学平台和新媒体平台等传输红色基因链，通过一系列举措，春风化雨、润物无声，使红色基因畅通传承。

## 三、结语

总之，挖掘聊城地方红色资源，重视在当前高校思想政治教育中开发利用孔繁森精神，做到历史与现实相互交融，既能弘扬中国精神，对广大学生进行精神洗礼，激励学生锤炼优良道德品质，也能推动新形势下思政课教学改革。

**参考文献：**

[1] 孙向军．孔繁森精神承载的是“老西藏精神”[N]．西藏日报，2019-

08-05 (006).

[2] 高杉. 孔繁森 [M]. 北京：中央文献出版社，2017.

[3] 李光. 高原上的追寻——沿着孔繁森的足迹 [J]. 走向世界，2018 (44)：74-77.

[4] 柴腾虎. 永远的孔繁森 [M]. 北京：人民出版社，2004：265.

[5] 胡建，冯开甫. 红色资源：大学生社会主义核心价值观教育的重要载体 [J]. 思想理论教育导刊，2016：100-103.

[6] 曹晓莉. 红色资源引入高校思想政治教育中的价值研究 [J]. 湖北函授大学学报，2018 (230)：69-70.

[7] 于新贵. 聊城宝贵“红资源”期待变成“红财富” [EB/OL]. http://www.lcxw.cn，2011-04-12.

[8] 占毅. 红色资源融入高校思想政治理论课教育教学探究 [J]. 思想教育研究，2016 (1)：108-111.

[9] 刘宗宝. “纪念日课程”的开发与实施 [J]. 教学与管理，2017 (2).

[10] 张长虹. 充分发挥红色文化资源的育人价值 [J]. 红旗文稿，2015 (12)：23-24.

（孙剑，聊城职业技术学院教师、思政部副主任）

# 文化记忆视域下孔繁森精神传承的困境及路径研究

张 丽

**提要：** 2021年正值中国共产党百年华诞，中共中央宣传部发布了第一批中国共产党人精神谱系的伟大精神。孔繁森精神作为中国共产党人精神谱系第一批伟大精神的代表和文化符号象征，具有特定的内涵与外延。孔繁森精神通过多元化的记忆路径得以传承。孔繁森精神传承既是文化记忆塑造的过程，也是文化记忆实现的过程。新时代孔繁森精神的传承受到代际差异、线性现代社会、新媒介、消费主义与娱乐化的影响，本文从媒介记忆、身体记忆、文化记忆场域的重构、政治干预和专人维护等四个方面对孔繁森精神的传承路径进行分析。

**关键词：** 文化记忆；孔繁森精神；传承；困境；路径

## 一、孔繁森精神和文化记忆理论概述

从文化记忆的视角研究孔繁森精神传承，首先需要概括了解孔繁森精神和文化记忆理论。

### （一）孔繁森精神概述

孔繁森精神是指在改革开放过程中以孔繁森为代表的中国共产党人在建设中国特色社会主义现代化的历史进程中展现出的积极态度和先进理念。

1. 孔繁森精神的内涵

孔繁森精神体现了中国共产党人的高尚品质，其科学内涵如下。

其一，忠诚担当的党性修养。习近平总书记多次强调干部要做到忠诚担当，“干部特别是党员领导干部忠诚干净担当的政治品格，确保全党思想统一、步调一致”①。孔繁森积极响应党的号召，坚决服从组织决定，两次到西藏工作，历时十余年之久。作为共产党员，孔繁森经常说：“咱是党的人，要对得起党，无愧于党。”② 这充分体现出一名共产党员忠诚担当的党性修养。

其二，“活着就干，死了就算”的斗争精神。斗争精神是党员干部的政治本色。1979 年孔繁森第一次踏上雪域高原，担任西藏岗巴县委副书记，他从那时起就把自己的一切奉献给了雪域高原。西藏海拔高、气压低，在西藏生活、工作，条件相当艰苦，孔繁森负重前行，用 56 天走遍了岗巴县的所有公社和村庄。在“活着就干，死了就算”的斗争精神支撑下，他两次入藏，鞠躬尽瘁，把自己的全部心血献给了西藏建设事业。

其三，“爱的最高境界是爱人民”的为民情怀。孔繁森经常讲：“一个共产党员爱的最高境界是爱人民。”1988 年孔繁森第二次援藏，担任拉萨市副市长，分管文教、卫生、民政工作。短短 4 个月，他走遍拉萨市所有公办学校，一半以上的乡办村办小学，使适龄儿童入学率由 45% 提高到 80% 。③ 在担任阿里地委书记期间，孔繁森充分发挥自己的医术，义务为群众看病治病。由于孔繁森每次下乡都身背药箱，因此藏族农牧民亲切地称他为“药箱书记”。由此可以看出，作为党员领导干部的楷模，孔繁森一直坚守为人民谋幸福的初心。

其四，深入实际、调查研究的工作作风。1992 年底，孔繁森担任阿里地委书记后，短短几个月时间，就跑遍了全区 106 个乡镇中的 98 个，行程 8 万

①习近平．在中央和国家机关党的建设工作会议上的讲话［J］．求是，2019（21）．

②领导干部的楷模——孔繁森［N］．人民日报，1995－04－07．

③葛宁，许艳华．赓续红色精神：从焦裕禄到孔繁森［J］．山东干部函授大学学报，2021（5）．

多公里。在孔繁森等地委领导干部的带领下，1994 年阿里地区国民生产总值超过 1.8 亿元，比 1993 年增长 37.5%，国民收入超过 1.1 亿元，比上年增长 6.87%。① 阿里地区的经济实现跨越式发展。

其五，“咱不能沾公家的光”的清廉正气。孔繁森始终能够正确对待权力和金钱，淡泊名利，廉洁自律。他经常说：“咱不能沾公家的光。”1994 年，孔繁森因公殉职，人们发现他身上只有 8.6 元钱。

2. 孔繁森精神的时代价值

新时代，孔繁森精神的价值体现在政治、经济、文化等方面。

孔繁森精神的政治导向作用。作为先进人物类革命精神，孔繁森精神具有政治导向作用，为领导干部坚定信仰树立了榜样。孔繁森坚定的共产主义信念能够激发广大党员无私奉献的精神。孔繁森精神为我们展示了新时代领导干部实现人生价值的目标方向。

孔繁森精神的经济促进作用。1992 年，中国共产党第十四次全国代表大会明确提出了建立社会主义市场经济体制，孔繁森所在的阿里地委结合党的方针政策，逐步明确思路，形成了符合阿里实际情况的经济发展战略，充分利用全国支援西藏的有利条件，向北联络新疆，向南拓展边贸，发挥地域优势，带动全地区到 20 世纪末走出贫困。由此看出，孔繁森精神激励着新时代党员领导干部在自己的岗位上为社会主义市场经济的繁荣、稳定做出贡献。

孔繁森精神的文化传承作用。孔繁森精神是雷锋精神等先进人物类精神在改革开放和社会主义现代化建设新时期的继承与发展，是对中华优秀传统文化的继承与弘扬。社会主义核心价值观的内涵包括 24 个字，这与孔繁森精神内涵中的党性修养、斗争精神、人民情怀、清廉正气等本质上是一致的。传承孔繁森精神，能促进个人的自由全面发展，坚定人们的共产主义理想信念。

①渠长根，武玮芸．孔繁森精神：彰显人民公仆鞠躬尽瘁的道德力量［J］．党史文汇，2021（9）．

### （二）文化记忆理论概述

文化记忆理论20世纪90年代产生于西方理论界，在全世界产生了广泛的影响，同时在国内理论界也引起了广泛关注。

1. 文化记忆释义

文化记忆特指一个民族或国家的集体记忆力，研究的是人类在长时段内的记忆，主要包括跨越代际的人群之间的记忆传递。它主要通过文字、图像、仪式等固定的客观外化物传承，以此巩固一个群体的自我形象，从而建构对过去的记忆。它主要回答的是“我们是谁”“我们从哪里来、要到哪里去”等有关文化认同性问题。

阿斯曼认为，以交往记忆为特点的集体记忆，主要通过口头传递，只能延续三到四代人。文化记忆的载体是客观的物质文化符号，文本、仪式和纪念物等成为文化记忆的象征，有组织的、公共性的集体交流是文化记忆的交流形式，文化记忆的传承由专职的承载者如游吟诗人、祭司、抄经员等来负责，他们通过跨代的社会实践把过去现时化，从时间上超过了交流记忆的三四代限制。阿斯曼对文化记忆的论述开辟了考察历史与社会变迁的新视角。

2. 文化记忆理论的价值

文化记忆主要涉及对过去的指定、认同和延续等问题，因此文化记忆在重构过去、建构当前、文化传承和跨文化交流等方面有特定的价值。

第一，文化记忆具有保存记忆、重构过去的作用。过去相对于现在而存在，我们今天对待过去的态度决定了它是存在还是消失。如果我们只是让今天成为过去，过去就会消失，并且被人们遗忘。如果我们让今天的一切记忆转化为后人的文化记忆，就能够保留过去。我们保存记忆、重构过去要具备一些因素，如对消失的过去留有一些证据，这些证据既可以沟通过去，又可以联系现在。当人们意识到过去与现在的差距，文化记忆就开始发挥作用。我们了解的过去就是被现在所重构的过去。

第二，文化记忆具有建构、认同自我的作用。个体具备建立在自我身体基础上的意识，这种意识对自我来讲，区别于他人，具有不可替代性和不可或缺性。从社会的角度看，自我身份指的是社会赋予每个个体成员的性格、特征、角色和能力的总和。可以看出，自我身份的确认，受到个体存在和社会的影响。自我身份确认，就是对自我身份的认同。身份认同还需要通过一些外部手段，如仪式、文字等文化记忆方式将归属感植入个体成员的自我意识中，从而对自我身份产生认同。

第三，文化记忆具有文化传承的作用。“一种文化上的认同会符合，巩固而且最重要的是再生产一个文化形态。通过文化形态这一媒介，集体的文化认同得以构建并且世代相传。”① 文化记忆是一种对过去的理解和建构，体现的是一种集体意识。

## 二、孔繁森精神文化记忆的内涵与外延

孔繁森精神文化记忆以孔繁森精神作为记忆的主体，以符号系统作为载体，这些载体包含相关文献、文艺作品、文物、纪念地、重大历史事件、纪念仪式以及凝结在其中的精神和价值理念等。这些符号记载了以孔繁森为代表的中国共产党人的价值追求和精神境界，记载了中华民族在改革开放和社会主义现代化建设新时期的种种经历，具有激起民族记忆、凝聚民族精神的功能。孔繁森精神文化记忆的内涵与外延包括以下几个方面。

### （一）孔繁森精神文化记忆的内容

孔繁森精神文化记忆的时间，可以追溯到社会主义革命与社会主义建设时期。孔繁森精神文化记忆的内容，可以通过孔繁森一生的事迹及其相关文献资料等确认。孔繁森精神文化记忆的内容，源于孔繁森幼时成长的环境。

①扬·阿斯曼．文化记忆：早期高级文化中的文字、回忆和政治身份［M］．金寿福，黄晓晨，译．北京：北京大学出版社，2015：145.

孔繁森青年参军经历初步彰显了其精神内涵。改革开放和社会主义现代化建设新时期，孔繁森在家乡工作，进一步彰显了其精神内涵。在西藏工作时，孔繁森继续发扬优良革命传统，逐步铸造了孔繁森精神。孔繁森在工作中所凝聚和彰显的精神内涵包括忠诚坚定、勇于担当的党性修养，“活着就干，死了就算”的拼搏精神，“爱的最高境界是爱人民”的为民情怀，实事求是、真抓实干的务实作风，“咱不能沾公家的光”的清廉正气。这些成为新时代孔繁森精神文化记忆的内容。

### （二）孔繁森精神文化记忆的媒介

文化记忆的过程就是建构社会和文化的过程，需凭借一定的载体如仪式、语言、文字等进行传承。孔繁森精神文化记忆亦是如此，诞生于社会主义革命与建设时期、形成于改革开放和社会主义现代化建设新时期、影响至中国特色社会主义新时代，在社会变迁和时代发展中，经过发展、弘扬而成型。因此，可以通过文字、纪念物、纪念活动、影视作品等形式传承孔繁森精神。

### （三）孔繁森精神文化记忆的承载者

扬·阿斯曼指出，文化记忆传承需要专职承载者负责，这主要包括游吟诗人、教师、学者、官员、学生等社会民众。孔繁森精神的传承，同样需要国家权力负责，“对记忆来说，有一种强大的刺激来自统治的需要”①。国家通过制定、颁布政策，加强对孔繁森精神的研究，弘扬与传承孔繁森精神；还通过成立孔繁森精神基地、孔繁森精神纪念馆等组织单位，研究宣传孔繁森精神。在孔繁森精神文化记忆的承载者中，高校是不可忽视的群体，如聊城大学，作为孔繁森家乡的一所高校，专门成立了孔繁森精神研究基地，通过发表孔繁森精神研究成果、定期举办孔繁森精神研讨会等一系列活动传承

①扬·阿斯曼．文化记忆：早期高级文化中的文字、回忆和政治身份［M］．金寿福，黄晓晨，译．北京：北京大学出版社，2015：66.

孔繁森精神。正是由于文化记忆承载者的推动，孔繁森精神在历时性变迁与共时性发展中得以传承，成为新时代实现中华民族伟大复兴的重要推动力量。

## 三、文化记忆视域下孔繁森精神传承的价值

孔繁森精神文化记忆，是传承红色基因、建构文化认同的助力；是凝结民族精神、增强国家认同的手段；是实施爱国主义教育、增强情感认同的途径。

### （一）孔繁森精神文化记忆是建构文化认同的助力

文化认同主要包括文化形式认同、文化规范认同和文化价值认同三种形式。其中文化认同的核心是文化价值认同，在全球化时代，一个国家的发展需要提升文化价值认同，否则，一个民族、一个国家，就失去了赖以生存的精神家园，失去了前行的精神动力。文化认同的实现是从个体的直接体认到群体的文化记忆的过程。“记忆必须要交代清楚，必须要从个体记忆转变成集体记忆，要传承给那些没有亲身经历过的后代”①，通过世代传承，构建文化认同。“精神文化是文化构成中的核心，而文化认同则是精神文化中的核心。”② 孔繁森精神是坚定文化自信、构筑文化认同的精神内核。因此，在新时代，要将孔繁森精神渗透到社会生活的各个领域，让其在每个人的头脑中生根，行动上结果，发挥文化认同的助力作用。

### （二）孔繁森精神文化记忆是增强国家认同的动力

国家是包含制度、文化、民族在内的共同体。从制度的角度看，国家表现为一整套的制度设计，一种合法武力的垄断与行政机构的设置。从文化的

①帕特里克·格里．历史、记忆与书写［M］．北京：北京大学出版社，2018：129.
②郑晓云．文化认同论［M］．北京：中国社会科学出版社，2008：37.

角度看，国家包括相同的语言、文化和共同的历史记忆等因素。从民族的角度看，国家的存在依赖各民族对中央政权的认可。因此，新时代的国家认同既包括对中国共产党的认同，又包括对中国特色社会主义制度的认同；既包括对中国特色社会主义文化的认同，又包括对中华民族共同体的认同。孔繁森精神彰显了中国共产党人的优良传统与优良作风。孔繁森精神文化记忆，为中国共产党认同、中国特色社会主义制度认同提供了素材。孔繁森精神文化记忆的当下性、建构性，是巩固、增强国家认同的精神动力。

### （三）孔繁森精神文化记忆是增强情感认同的手段

情感认同是推动国家认同的心理基础。当前面临中华民族伟大复兴战略全局和世界百年未有之大变局，这需要加强爱国主义教育，厚植中国人民的爱国主义情感。孔繁森精神，是爱国主义教育的重要内容和题材。通过孔繁森精神文化记忆的物质载体，如孔繁森同志纪念馆等作为特殊的历史存在物，引发人们的情感共鸣和认同；通过孔繁森精神文化记忆的非物质载体，如山东梆子现代戏《孔繁森》、清明节的纪念活动等，在固定的时间和场所反复操演和刻写，引导社会成员缅怀孔繁森、追思英雄情怀、感受孔繁森精神的价值，寻找情感的归属，净化心灵，从而产生对中国共产党、中国特色社会主义制度和中华人民共和国的情感认同。

## 四、文化记忆视域下孔繁森精神传承的困境

现代社会具有大众参与和市场化等特征，改变了孔繁森精神文化记忆的形式和载体，孔繁森精神文化记忆的传承受到挑战。

### （一）代际差异：孔繁森精神文化记忆的断裂

代际差异即代与代之间的差异，不同的生活时代和成长环境造就了两代人不同的思想价值观念，可以说代际差异总是存在于现代社会中。现代社会

文化记忆在代际传承中呈现递减性，孔繁森精神文化记忆也是如此。随着时代发展、社会生活变化，孔繁森精神文化记忆的主体由孔繁森事迹的亲历者转向非亲历者，这些非亲历者更关注当前的现实问题。非亲历者由于经历体验不足，因此难以对孔繁森精神产生共鸣。这种记忆的断层对传承孔繁森精神文化记忆非常不利。

### （二）现代社会线性的时间结构：孔繁森精神文化记忆的阻碍

21 世纪是线性时间结构主导的现代社会，“现代人注定要忘记过去，因为现代人总是被快速的变化驱赶着”①。在快节奏的社会生活中，人们习惯于获取大量碎片化信息，碎片化信息很难在人们的头脑中留下深刻的记忆。同时，快节奏的生活使人们常常无暇关注与自身联系不多的过去，对过去的反思与总结更是少之又少。传统、现在与未来之间的连续性被切断，人们就像栖居在现实的孤岛之中，记忆的断裂成为现代社会的精神症候，此种情形下，孔繁森精神文化记忆的传承受到阻碍。

### （三）媒介技术的现代性悖论：孔繁森精神技术性失忆

媒介是传承孔繁森精神文化记忆的介质，对孔繁森精神文化记忆的建构起着至关重要的作用。数字化时代，传承孔繁森精神存在数字记忆媒介对孔繁森精神文化记忆内容的自主调整等阻滞性因素。传统的记忆媒介形式主要包括三种：书籍、文章等文本系统，特定图像、影视题材为主的意象系统，以纪念活动为主的仪式系统。当前传承孔繁森精神的记忆媒介，主要集中于文本系统、相关意象系统和纪念地、纪念日相关仪式系统。在当下数字记忆的时代，万事万物皆可记忆，每个社会成员都可生产信息。这种情形直接导致社会成员能够根据自己的主观意识和需要，能动地对孔繁森精神材料库进行添加、修改和否定，每个社会成员都能够快速共享调整后的孔繁森精神材

---

①王斑．全球化阴影下的历史与记忆［M］．南京：南京大学出版社，2006：3.

料库的内容，调整后的孔繁森精神材料库的内容能够在社会上快速、广泛传播。数字记忆媒介对孔繁森精神文化记忆内容的多重调整不仅会减少原有记忆的客观性，还容易影响缺乏辨别能力的社会成员。因而，共享的孔繁森精神的记忆内容与要建构的孔繁森精神的记忆内容的一致性面临数字记忆媒介的挑战。

### （四）消费主义与记忆娱乐化：孔繁森精神记忆历史意识的隐退

消费主义是指导和调节人们在消费方面的行动和关系的原则、思想、愿望、情绪的思潮，曾经在西方发达国家流行。改革开放以来，随着社会主义市场经济的建立，消费主义对现代中国社会产生了一定的影响。在消费主义语境下，一切事物都是消费的对象。尤其当下，人们面临生活和精神的双重压力，他们在现实的喘息间，更多关注的是娱乐刺激，注重感官的享受。因此，消费主义的语境衍生了现代社会整体性的泛娱乐化倾向。这表现为从底层崛起的网红文化、直播文化在整个社会盛行，而富含历史底蕴的中华优秀传统文化、蕴含革命精神的红色文化被娱乐化戏说。泛娱乐化倾向消解了人们对崇高理想和精神的追求，阻滞了人们对一些重大问题的深入探究，也在悄悄吞噬着孔繁森精神文化记忆。

## 五、文化记忆视域下孔繁森精神传承的实践进路

孔繁森精神的传承实质上是一种文化的再生产。文化记忆视域下如何推进孔繁森精神的传承？这需要建构孔繁森精神文化记忆的媒介、仪式、记忆场域等要素，存留孔繁森精神文化记忆的固定形态，加强政治权力的干预和专人的维护。

### （一）媒介记忆——文化记忆视域下孔繁森精神传承的符号

扬·阿斯曼指出：“文化记忆的传承一定是遵循着特定而严格的形式的，

从媒介上来说，文化记忆需要有固定的附着物、需要一套自己的符号系统或者演示方式，如文字、图片和仪式等。”① 因此，从文化记忆的视角探讨孔繁森精神的传承，需要在文字、图像和仪式等方面进行推进。

1. 文字

“文字不仅是永生的媒介，而且是记忆的支撑。”② 文字由于其本身的稳定性、文本的可读性和突破时间限制性，被人们认为是最稳定、最可靠的记忆媒介，是文化记忆传承、强化与再现的基础。因此，传承孔繁森精神要利用好文字这一载体，需要收集孔繁森精神形成、精神内涵、精神意义等有关问题的文字资料，如孔繁森日记、孔繁森家人与同事的回忆录、有关孔繁森事迹的报告、媒体报道和亲历者的口述回忆等文字材料，建构孔繁森精神的文化记忆，同时结合时代的发展，准确提炼孔繁森精神在新时代的价值和意义。

2. 图像

“那些效果强烈的图像，它们通过其印象力使人难以忘怀。”③ 作为记忆的媒介，图像能在人的脑海中快速升级为想象，生成记忆。可以说，图像传达的象征意义能够触及人的心灵深处。由此看来，图像也是赓续和传承孔繁森精神的重要媒介。如何利用图像弘扬孔繁森精神？我们必须从孔繁森的人生历程中找寻关于孔繁森精神的记忆痕迹，其中直接相关的有孔繁森工作历程中的遗迹或者是遗物等，以及经过艺术加工的绘画、雕塑等，如孙立新创作的油画《人民的公仆孔繁森》、吴为山创作的铸铜雕塑《孔繁森》，绘画、雕塑等承载了许多语言无法表达的记忆。

展演为孔繁森精神文化记忆的传承提供了良好的固着点。在阿莱达·阿斯曼看来，展演包括电影、电视、视频等，“电影表现了孕育在社会中的记

①扬·阿斯曼. 文化记忆：早期高级文化中的文字、回忆和政治身份［M］. 金寿福，黄晓晨，译. 北京：北京大学出版社，2015：62.

②阿莱达·阿斯曼. 回忆空间：文化记忆的形式和变迁［M］. 潘璐，译. 北京：北京大学出版社，2016：206.

③阿莱达·阿斯曼. 回忆空间：文化记忆的形式和变迁［M］. 潘璐，译. 北京：北京大学出版社，2016：250.

忆，并且通过一种艺术的形式赋予了它们在集体记忆中的客观立足点”①。展演是孔繁森精神的艺术表达，观众通过想象进入当时的场景，增强了对孔繁森精神传承的直观体验，强化了孔繁森精神文化记忆。如王文杰执导的电视剧《孔繁森》、陈国星执导的电影《孔繁森》、戏曲电影山东梆子《孔繁森》经过展演，孔繁森事迹经过艺术加工，引起共情，观众在回忆的建构中产生强烈的情感。由此可见，影视作品通过其特定手段掌握孔繁森精神阐释的话语权，传承孔繁森精神文化记忆。互联网在传承孔繁森精神方面也发挥着重要作用。互联网的虚拟性，一方面解构孔繁森精神文化记忆，另一方面又能够推动孔繁森精神的传承。在互联网的虚拟世界里，孔繁森精神在多媒体的盛宴中实现传播，一旦传播成功，其影响深远。

3. 仪式

仪式是指“受规则支配的象征性活动，它使参加者注意他们认为有特殊意义的思想和感情对象”。② 仪式包含两层含义：一是仪式具有象征性的意义；二是仪式是一场活动，能够促使参加者投入情感，并且受规则支配。仪式通常包含祭祀仪式、纪念日活动等。仪式在强化文化记忆方面的作用非常明显，如举办孔繁森同志逝世周年纪念活动，清明节、国庆节等节日打卡红色地标，去孔繁森纪念馆汲取精神养分，“节日和仪式定期重复，保证了巩固认同的知识的传达和传承，并由此保证了文化意义上的认同的再生产”。③ 群体成员通过参加纪念性活动，在反复的操练和重演过程中传承孔繁森精神。

### （二）身体记忆——文化记忆视域下孔繁森精神传承的手段

媒介记忆是孔繁森精神文化记忆的一种形式，就传承孔繁森精神而言，

①阿莱达·阿斯曼．记忆中的历史：从个人经历到公共演示［M］．袁斯乔，译．南京：南京大学出版社，2017：141.

②保罗·康纳顿．社会如何记忆［M］．纳日碧力戈，译．上海：上海人民出版社，2000：49.

③扬·阿斯曼．文化记忆：早期高级文化中的文字、回忆和政治身份［M］．金寿福，黄晓晨，译．北京：北京大学出版社，2015：52.

还需要更多的形式，以增强孔繁森精神文化记忆的可持续发展。今天，在后现代思潮的影响下，人们更加注重情感、直觉和亲身体验等非理性因素，因此，身体记忆成为孔繁森精神文化记忆传承的一种形式。身体记忆的重要特征是产生和延续情感。这些情感会逐渐演变成人的潜意识的一部分，在孔繁森精神文化记忆传承的过程中，发挥着重要作用，对于认识和理解孔繁森精神，具有重要意义。身体记忆具有相对独立性，因此通过开展孔繁森精神文化记忆的身体实践，可实现孔繁森精神的传承。孔繁森精神文化记忆的身体实践形式多样，如参观游览孔繁森纪念馆、参加祭奠孔繁森仪式、听孔繁森后代及身边工作人员口述历史、观看大型文艺展演等，代入孔繁森生活的场景，强化记忆，实现对孔繁森精神的传承。可以看出，身体记忆注重记忆者的真听、真看、真感受。身体记忆不仅弥补了文本记忆的不足，而且也为孔繁森精神文化记忆的活态传承提供了有效的方式和路径。

### （三）记忆场——文化记忆视域下孔繁森精神传承的场域

记忆场是指能唤起人们记忆的代表性建筑物、历史遗迹、纪念地等事物。传承孔繁森精神，离不开文化记忆场的建构。“回忆形象需要一个特定的空间使其物质化，需要一个特定的事件使其现实化。”① 人们在特定的场所中，很容易对孔繁森精神产生具有情感共鸣的意识和认知。因此，选定孔繁森精神的记忆场尤为重要。首先，孔繁森同志纪念馆作为全国党员干部教育和廉政教育基地、全国爱国主义教育示范基地、全国青少年教育基地、全国民族团结进步教育基地，设有主馆区、孔繁森纪念碑、孔繁森雕塑、广场等，构建了全方位、立体化的纪念格局，作为记忆之场，彰显了纪念性，能够强化孔繁森精神记忆，为孔繁森精神文化记忆的传承提供了重要场所。其次，聊城、拉萨与阿里作为文化记忆场的城市，在孔繁森精神的储存、创造和传承过程

①扬·阿斯曼．文化记忆：早期高级文化中的文字、回忆和政治身份［M］．金寿福，黄晓晨，译．北京：北京大学出版社，2015：31.

中，发挥着重要作用。这三个城市代表着孔繁森生活或工作的地方，它们的发展与变迁关联着关于孔繁森的不同记忆。因此，在孔繁森生活的家乡聊城和工作过的拉萨与阿里等城市，建立各种类型的纪念馆等场所，对传承孔繁森精神具有重要意义。

### （四）对孔繁森精神文化记忆的政治干预和专人维护

传承孔繁森精神文化记忆的媒介、身体和记忆场的背后，隐藏着权力逻辑。因此，还可以通过政治干预和专人维护更好地传承孔繁森精神文化记忆。

控制记忆是权力运行的职责与逻辑。扬·阿斯曼指出：“如果没有国家，社会回忆的框架便会分崩离析。”① 对孔繁森精神的建构是政治权力参与文化记忆的方式。国家对文化记忆的参与，可以唤起民族意识的觉醒，增强民族凝聚力。孔繁森精神作为中国共产党人精神的代表，在时代的发展中，通过权力因素予以传承，成为中华民族共同的文化记忆。文化记忆视域下孔繁森精神传承虽然是一个主观建构的过程，但其资料、素材具有客观性，因此，权力因素对孔繁森精神文化记忆的建构不能脱离现实。这需要以孔繁森一生的经历为依据，多角度、立体式建构孔繁森精神文化记忆，增强人们的集体记忆，以传承孔繁森精神。同时，孔繁森精神文化记忆在建构过程中和建构完成以后需要有“训练有素的人以公众喜闻乐见的形式将有关过去的记忆现实化”②。这就需要专人对孔繁森精神传承进行维护，强化孔繁森精神文化记忆的内容、表征、意义等。孔繁森精神党性教育基地、高校研究孔繁森精神的机构，在维护孔繁森精神传承方面发挥着重要作用。

---

①扬·阿斯曼．文化记忆：早期高级文化中的文字、回忆和政治身份［M］．金寿福，黄晓晨，译．北京：北京大学出版社，2015：67.

②扬·阿斯曼．文化记忆：早期高级文化中的文字、回忆和政治身份［M］．金寿福，黄晓晨，译．北京：北京大学出版社，2015：212－231，371.

**参考文献：**

[1] 十八大以来重要文献选编：上［M］. 北京：中央文献出版社，2014.

[2] 十八大以来重要文献选编：中［M］. 北京：中央文献出版社，2016.

[3] 十八大以来重要文献选编：下［M］. 北京：中央文献出版社，2018.

[4] 十九大以来重要文献选编：上册［M］. 北京：中央文献出版社，2019.

[5] 习近平谈治国理政：1 卷［M］. 北京：外文出版社，2014.

[6] 习近平谈治国理政：2 卷［M］. 北京：外文出版社，2017.

[7] 习近平谈治国理政：3 卷［M］. 北京：外文出版社，2020.

[8] 扬·阿斯曼. 文化记忆：早期高级文化中的文字、回忆和政治身份［M］. 金寿福，黄晓晨，译. 北京：北京大学出版社，2015.

[9] 阿莱达·阿斯曼. 回忆空间：文化记忆的形式和变迁［M］. 潘璐，译. 北京：北京大学出版社，2016.

[10] 哈拉尔德·韦尔策. 社会记忆：历史、回忆、传承［M］. 季斌，等，译. 北京：北京大学出版社，2015.

[11] 莫里斯·哈布瓦赫. 论集体记忆［M］. 毕然，郭金华，译. 上海：上海人民出版社，2002.

[12] 保罗·康纳顿. 社会如何回忆［M］. 纳日碧力戈，译. 上海：上海人民出版社，2000.

[13] 皮埃尔·诺拉. 记忆之场：法国国民意识的文化社会史［M］. 黄艳红，等，译. 南京：南京大学出版社，2017.

[14] 阿莱达·阿斯曼. 记忆中的历史：从个人经历到公共演示［M］. 袁斯乔，译. 南京：南京大学出版社，2017.

[15] 冯亚琳，阿斯特莉特·埃尔. 文化记忆理论读本［M］. 余传玲，等，译. 北京：北京大学出版社，2012.

[16] 爱弥尔·涂尔干. 宗教生活的基本形式［M］. 渠敬东，汲喆，译. 上海：上海人民出版社，2006.

[17] 赫尔曼·艾宾浩斯. 记忆［M］. 曹日昌，译. 北京：北京大学出版社，

2014.

［18］查尔斯·费尼霍．记忆碎片：我们如何构建自己的过去［M］．王正林，译．北京：机械工业出版社，2017.

［19］赵静蓉．文化记忆与身份认同［M］．北京：生活读书新知三联书店，2015.

［20］白洁．记忆哲学［M］．北京：中央编译出版社，2014.

［21］郑晓云．文化认同论［M］．北京：中国社会科学出版社，2008.

［22］柴腾虎．永远的孔繁森［M］．北京：人民日报出版社，2004.

［23］邢志第，刘继孟．孔繁森精神与干部价值观［M］．北京：中共党校出版社，1999.

［24］赵少峰，梁婷．孔繁森日记［M］．北京：人民出版社，2021.

［25］廖承仁．孔繁森论［J］．聊城师范学院学报（哲学社会科学版），1995（3）.

［26］王本槐．论孔繁森精神的丰厚基础［J］．黄冈师专学报，1995（4）.

［27］刘示范．孔繁森的人格与中华传统文化［J］．东岳论丛，1996（4）.

［28］张全景．让孔繁森精神永远发扬光大［J］．领导科学，1995（05）.

［29］朱幼棣．走近孔繁森——《领导干部的楷模——孔繁森》的写作经过及其他［J］．新闻爱好者，1995（08）.

［30］赵君．从孔繁森看共产党人理想人格的社会效应——论孔繁森精神的时代价值及其现实转化［J］．福建学刊，1996（6）.

［31］胡彩芬．学习孔繁森精神加强“三严四自”教育［J］．桂海论丛，1996（6）.

［32］董凤基．深刻理解和把握孔繁森精神［J］．发展论坛，1996（7）.

［33］陈延明．让孔繁森精神永驻人间［J］．求是，1996（10）.

［34］史本成．论孔繁森精神的时代背景及实质［J］．山东社会科学，1997（1）.

［35］薛守望，杜来雨．孔繁森精神与社会主义精神文明建设［J］．党史研究与教学，1997（3）.

[36] 张盛忠. 孔繁森精神的哲学意蕴 [J]. 理论学刊, 2000 (1).

[37] 扬·阿斯曼, 王霄兵. 有文字的和无文字的社会——对记忆的记录及其发展 [J]. 中国海洋大学学报 (社会科学版), 2004 (06).

[38] 高军. 从孔繁森看优秀领导干部的成长规律 [J]. 党政论坛, 2004 (8).

[39] 王霄冰. 文化记忆、传统创新与节日遗产保护 [J]. 中国人民大学学报, 2007 (1).

[40] 骆剑琴, 但鸿江. 对当前弘扬和培育中华民族精神的几点思考 [J]. 经济研究导刊, 2009 (07).

[41] 简·奥斯曼. 集体记忆与文化身份 [J]. 陶东风, 译. 文化研究, 2011 (11).

[42] 杨旦. 论典型人物通讯报道中的"三美"问题——以《领导干部的楷模——孔繁森》为例 [J]. 宿州学院学报, 2012 (3).

[43] 韩若画, 刘涛, 范紫薇, 等. 国内外"记忆工程"实施现状综述 [J]. 档案学通讯, 2012 (3).

[44] 程晗. 读懂仪式教育 [J]. 中国德育, 2012 (15).

[45] 陈蕴茜. 纪念空间与社会记忆 [J]. 学术月刊, 2012 (7).

[46] 朱寿桐. 中国新文化百年历史以及历史的文化记忆 [J]. 文艺争鸣, 2015 (9).

[47] 习近平: 伟大的事业需要伟大的精神 [N]. 经济日报, 2015-12-31.

[48] 王蜜. 文化记忆: 兴起逻辑、基本维度和媒介制约 [J]. 国外理论动态, 2016 (6).

[49] 习近平. 在中国文联十大中国作协九大开幕式上的讲话 [J]. 中国文艺评论, 2016 (12).

[50] 邱昆树. 形塑"文化记忆": 当代教育的文化使命 [J]. 教育发展研究, 2017 (3).

[51] 刘振怡. 文化记忆与文化认同的微观研究 [J]. 学术交流, 2017 (10).

[52] 王霄冰. 文化记忆与文化传承 [J]. 励耘学刊 (文学卷), 2008 (1).

[53] 刘慧梅，姚源源. 书写、场域与认同：我国近二十年文化记忆研究综述 [J]. 浙江大学学报（人文社会科学版），2018（4）.

[54] 康澄. 文化记忆的符号学阐释 [J]. 国外文学，2018（4）.

[55] 闫宏秀. 数字时代的记忆构成 [J]. 自然辩证法研究，2018（4）.

[56] 张立群，杨安华. 记忆场所研究：发展动态与趋势 [J]. 贵州师范大学学报，2018（6）.

[57] 蔡志强. 中国共产党精神谱系的时代品格 [J]. 人民论坛，2018（25）.

[58] 习近平. 在省部级主要领导干部坚持底线思维着力防范化解重大风险专题研讨班开班式上的讲话 [N]. 人民日报，2019-01-22.

[59] 赵晓霞. 文化记忆视角下青少年传统文化教育的路径与策略 [J]. 西北师大学报（社会科学版），2019（2）.

[60] 王凤芹，胡春霞. 论孔繁森精神的新时代价值意蕴 [J]. 安徽职业技术学院学报，2020（2）.

[61] 曾文婕，黄甫全. 核心价值观教育：定位、内容与路径 [J]. 湖南师范大学教育科学学报，2020（2）.

[62] 郑方云. 新时代视域下弘扬孔繁森精神的价值意蕴 [J]. 山东干部函授大学学报，2020（4）.

[63] 渠长根，王静. 基于孔繁森精神的新时代领导干部人生价值取向 [J]. 毛泽东思想研究，2020（5）.

[64] 包心鉴. 论孔繁森精神的新时代价值 [J]. 聊城大学学报（社会科学版），2021（2）.

[65] 孙剑. 孔繁森精神融入思想政治理论课教学的路径研究 [J]. 湖北开放职业学院学报，2021（3）.

**课题组负责人：**张　丽

**成　　　　员：**杨守宝　张铁柱　李　琴

# 孔繁森精神融入高职思政课供给侧改革的路径探索①

尹　莉　岳增刚

**摘要：**基于凯恩斯有效需求理论的视角，全面调研高职思政课教学供给侧与需求侧现状并找出问题症结，以弘扬孔繁森精神为契机寻找解决问题症结的答案。孔繁森事迹走进思政课堂，精准定位思政课教学内容，让思政课素材更鲜活；孔繁森精神引领学生社团发展，创新思政课教学方法，让思政课更灵活；以孔繁森事迹打造“线上＋线下”思政课，改革思政课教学模式，让思政课更具实效；孔繁森精神引领教师成长，让思政课教师队伍更精良，思政课更有保障。弘扬孔繁森精神，创新思政课改革，开出提升思政课教师教学能力的新“药方”，锻造更精良的思政课教师队伍，能助力把学生培养成为德智体美劳全面发展的社会主义合格建设者和可靠接班人。

**关键词：**孔繁森精神；思政课；有效需求；路径

## 一、新时代高职思政课教学面临巨大挑战

习近平总书记在党的十九大报告中提出了“深化教育改革，加快教育现

---

①本文系聊城市课题“新时代孔繁森精神在职业院校的弘扬路径研究”（编号ZXYB2020010）和“微媒体环境下孔繁森精神的传播路径研究”（编号ZXYB2020012）的阶段性研究成果。

代化，办好人民满意的教育”① 的教育要求，明确了“全面贯彻党的教育方针，落实立德树人根本任务，发展素质教育，推进教育公平，培养德智体美全面发展的社会主义建设者和接班人”② 的教育任务。当前高职学生开启疫情常态化学习模式。首先，学习氛围发生变化，由原来的学校学习转变成“家庭 + 校园”两点一线学习；其次，学习资源获取方式发生变化，由主要依靠实体学习资源转变为依靠“实体学习资源 + 电子学习资源”；最后，教学模式发生变化，由线下教学为主转变成“线上 + 线下”混合式教学模式。综上所述，以上变化给思政课教学带来巨大挑战。党的十九大报告中关于教育工作的要求也对现有的思政课教学内容、教学方法、教学模式、教学队伍等提出了更高要求。新时代背景下，思政课教师要积极推进思政课教学改革创新，旨在实现高职思政课教学供给侧改革，高效完成高职思政课教学目标，助推高职人才培养方案有效达成。

作为一名高职思政课教师，为有效应对新挑战，需要及时创新思政课教学供给侧改革，占领思政课改革创新的新高地，做好思政课教学的改革创新工作。

## 二、高职思政课教学供给侧与需求侧现状分析

### （一）高职思政课教学供给侧现状分析

#### 1. 思政课教学供给侧改革内涵界定

当前，“供给侧改革”这个经济术语被引用到众多领域，本文特指思政课教学供给侧改革。思政课教学供给侧改革是指从教学内容、教学模式、教学工具、教学方法等生产端入手，在提高供给质量的同时，结合高职院校学生

①决胜全面建成小康社会　夺取新时代中国特色社会主义伟大胜利［M］. 北京：人民出版社，2017.

②李强. 打造高素质教师队伍保障培养德智体美劳全面发展社会主义接班人［J］. 中国农村教育，2018（17）：46－47.

的特点，实现思政课精准供给，谋求思政课教学目标与学生个性成长发展的协调统一。

2. 高职思政课教学供给侧现状分析

课题组通过问卷调查和个人访谈等方法，分析高职思政课教学供给侧现状，发现以下问题：高职思政课教学供给内容存在定位不准、无效供给等问题，供给内容时效性不强，缺乏创新性和针对性；高职思政课教学方法固化单一；教学模式守旧，不能与时俱进；教学工具普遍滞后；思政课教师队伍综合素质不高，利用在线教育平台授课能力不足。

### （二）高职思政课教学需求侧现状分析

根据凯恩斯的有效需求理论分析，当前“学生对教学过程的交换商品——知识的有效需求是不足的”①。高职学生普遍存在如下问题：知识层面，虽有基本的思想、政治、道德、法律等理论基础，但理论基础不扎实且知识的深度、广度明显不足；能力层面，认知能力较强，但系统的逻辑思维能力欠缺；学习态度层面，思维活跃，容易发生跳跃式转移，自主意识强，不易接受单纯理论说教，学习的积极性、主动性欠缺。

### （三）立足学生有效需求，创新思政课教学供给侧

根据对思政课教学供给侧及需求侧现状分析的结果，在后疫情时代下，思政课教学供给侧需要得到有效创新，教师要立足学生有效需求，实现思政课的精准供给。思政课教学供给侧改革的重点在如下方面：首先，教学内容要高质量整合，做到对学生需求精准定位、精准供给；其次，教学模式和教学方法要不断创新，借助“最走心、接地气”的教学方法寻求思政课最佳授课效果；再次，教师要借力线上教育平台，搭建思政课优质“空中课堂”；最

---

①任志安．互联网时代高校课堂管理供给侧结构性改革研究［J］．合肥工业大学学报（社会科学版），2018，32（06）：119－125.

后，必须提高教师的综合素质，优化思政课教学供给侧改革的师资力量。

## 三、孔繁森精神融入高职思政课教学供给侧改革的路径

### （一）孔繁森精神的内涵

习近平总书记说过，孔繁森精神首先体现的就是“老西藏精神”，即“特别能吃苦、特别能战斗、特别能忍耐、特别能团结、特别能奉献”① 的精神。孔繁森精神即“忠诚担当、大爱无我、拼搏奋斗、廉洁奉献”。在中国特色社会主义新时代，孔繁森仍然是激励和鼓舞我们不忘初心、砥砺前行的榜样和力量，我们应该继续深入学习孔繁森事迹，进一步弘扬孔繁森精神。

### （二）弘扬孔繁森精神助推高职思政课教学供给侧改革

1. 孔繁森事迹走进思政课堂，精准定位思政课教学内容，让思政课素材更鲜活

首先，学习孔繁森事迹，把孔繁森事迹融入思政课堂，为高职思政课教学供给侧改革提供素材，增强思政课教学内容的鲜活性。比如，以高职思修课为例，讲到“树立远大理想坚定崇高信念”这一章节时，导入孔繁森同志事迹：孔繁森从小立下志向，“要用所学的知识帮家乡实现现代化”②，他虽然家境贫寒，但是学习刻苦，成绩优异，最终考取技工学校，准备用一技之长为家乡百姓谋取福利。“活着就干，死了就算”③，孔繁森克服困难，两次进藏，为西藏地区发展贡献毕生力量直至以身殉国。为了收养藏族孤儿，孔繁森两次卖血。孔繁森事迹让思政课教学“有料更走心”，能涵养大学生的家国情怀，实现高职思政课教学内容的精准供给，助力达成思政课教学目标。

---

①李洪磊，马军．弘扬“老西藏精神”锻造红色经济卫士［J］．环球市场．2020（3）：226.
②高杉．孔繁森［M］北京：中央文献出版社，2017.
③吴江树．活着就干，死了就算［N］．富阳日报，2014－11－08.

其次，要把学习孔繁森事迹与充分重视多媒体教学手段相结合，创新学生思政课学习方式方法，打造“两微一端”“孔繁森精神”学习平台，组织学生利用智能手机积极参与思政课。比如，以孔繁森卖血、孔繁森给老人焐脚等事迹为故事原型，让学生自编自导自演拍成微视频，推送到“学习通”课程平台，打造更多适合学生观看并讨论的线上学习活动，让孔繁森事迹随时随地浸润学生心灵，打造高职学生专属的可移动思政课堂。

2. 孔繁森精神引领学生社团发展，创新思政课教学方法，让思政课更灵活

中共中央国务院《关于进一步加强和改进大学生思想政治教育的意见》指出，“依托班级、社团等组织形式，开展大学生思想政治教育。要加强对大学生社团的领导和管理”①。通过弘扬孔繁森精神引领学生社团发展，创新思政课教学模式，从而进一步加强对学生社团的价值引领，这同样也是加强对学生社团领导的有力举措。以弘扬孔繁森精神为契机，加强学生社团的政治性、思想性、组织性建设，把孔繁森精神融入建设学生社团的顶层设计中，让学生在了解孔繁森同志为党贡献、为民服务的人生基础上理解孔繁森的爱党、爱国情怀，进而能够在日常生活及学习过程中自觉学习孔繁森事迹、践行孔繁森精神。弘扬孔繁森精神要与社团常规活动无缝对接，让学生社团活动实现理想与现实相统一、能力培养与价值引导相契合。

3. 以孔繁森事迹打造“线上+线下”思政课，改革思政课教学模式，让思政课更具实效

以学习孔繁森事迹、弘扬孔繁森精神为思政课改革契机，创新思政实践课教学模式。以孔繁森同志纪念馆为思政实践课线下场馆，以孔繁森同志线上纪念馆为依托，打造“线上+线下”相结合的思政实践课教学模式。以思

---

①中共中央国务院．关于进一步加强和改进大学生思想政治教育的意见［J］．浙江医学教育，2004，03（4）：1－3.

想道德修养与法律基础课程为例，在其单元实践课“最美职业人”教学实施中，课前组织学生参观孔繁森事迹网上纪念馆，然后给学生预留主题讨论“你认为孔繁森的一生诠释了什么精神？新时代应该如何继续传承孔繁森精神?”，结合学生线上讨论跟帖情况，以信息化手段“词云”再现的方式集中呈现有代表性的想法和观点。根据学生的想法和观点继续调整现场课的内容和具体实施步骤。在实践课实施中，组织学生实地参观孔繁森同志纪念馆，通过观看一张张满载孔繁森光辉岁月的图片、一段段反映孔繁森与藏族百姓鱼水之情的视频，学生仿佛身临其境般感受到孔繁森对工作的热爱、对清贫的坚守、对百姓的奉献、对党和国家的牺牲。通过以上方式打造不一般的思政实践课教学模式，有助于达成思政实践课教学目标。

4. 孔繁森精神引领教师成长，让思政课教师队伍更精良，思政课更有保障

习近平总书记强调，教师是人类灵魂的工程师，是人类文明的传承者，承载着传播知识、传播思想、传播真理，塑造灵魂、塑造生命、塑造新人的时代重任。马克思指出：“不是意识决定生活，而是生活决定意识。”① 作为思政课教师，要在学习孔繁森事迹的基础上，理解他大爱无我、跪别老母亲的决心，二次进藏的忠心，把阿里建设好的信心，抚养西藏孤儿的爱心。在此基础上，思政课教师要最大限度地感悟孔繁森精神，体会孔繁森爱党、爱民的高尚情怀。正如孔繁森说的那样：“一个人爱的最高境界是爱别人，一个共产党员爱的最高境界是爱人民。”② 这其实是孔繁森作为一名党员对党、对人民做出的庄严承诺。作为一名思政课教师，要学习孔繁森精神并进一步弘扬孔繁森精神，要胸怀爱党、爱人民、爱学生的情怀，继续增强自身的知识储备、提高自身的教学能力并在实践中科学诠释爱党、爱人民、爱学生的情

①马克思恩格斯选集：第一卷［M］. 北京：人民出版社，1995：73.

②程建平. 爱的最高境界［J］. 中华魂，1995（04）：30.

怀，真正做到敬业、爱业、乐业，做“四有”好老师。在此基础上，进一步打造更精良的高职思政课教师队伍。

## 四、小结

以弘扬孔繁森精神为契机，创新思政课教学供给侧改革，能够提升教学效果，让思政课教学事半功倍。

1. 弘扬孔繁森精神，创新高职思政课教学供给侧改革模式，提升高职思政课教学效果

“供给侧改革”这个经济学名词，引入高职思政课教学改革是一种创新，能提供破解当前思政课“学生不爱学、教师不易教”难题的新思路，有效解决当前思政课教学的痛点，不仅能够有效回应后疫情时代对高职思政课教学提出的新要求，而且能有效完成思政课立德树人的根本任务，实现思政课的改革创新，推进思政课可持续发展，引导学生成长为德智体美劳全面发展的社会主义合格建设者和可靠接班人。

2. 弘扬孔繁森精神，把孔繁森事迹及孔繁森精神融入思政课，增强思政课价值引领功能

以弘扬孔繁森精神为契机，整合思政课教学内容，创新教学方法、教学模式，实现教学平台最优运用，提升高职思政课的育人效果。通过把孔繁森事迹引入思政课堂，实现思政课教学模式创新，打造穿越时空的思政“空中课堂”，让学生更喜爱思政课；加强高职思政课价值引领，创建功能更强的思政“C 位课堂”，让学生更重视思政课；拓宽高职思政课内容视野，构建内容丰富、视野更广的思政“满汉全席”。总之，把孔繁森精神融入思政课堂，能使学生更喜欢思政课，能进一步增强思政课教师的人格魅力，加强高职思政课教师队伍建设，让思政课教师队伍更优良。

**参考文献：**

［1］郑方云．新时代视域下弘扬孔繁森精神的价值意蕴［J］．山东干部函授大学学报（理论学习），2020（04）：49－51．

［2］孙向军．孔繁森承载的是“老西藏精神”［N］．西藏日报（汉），2019－08－05（006）．

［3］陈有勇．不将今日负初心担当使命做先锋［J］．小康，2019（24）：73．

［4］郭秋玲．不忘初心不辱使命——再谈新编现代京剧《圣洁的心灵——孔繁森》的创作［J］．中国京剧，2019（10）：50－52．

［5］高杉．共产党员爱的最高境界是爱人民［N］．中国纪检监察报，2019－08－06（008）．

［6］程建平．爱的最高境界［J］．中华魂，1995（04）：30．

［7］高超，程兴普，李光．传承名人精神实现社会价值——浅谈孔繁森精神的传播及价值实现［C］//中国博物馆协会名人故居专业委员会．中国博物馆协会名人故居专业委员会2017年年会暨学术研讨会论文集，2017：199－205．

［8］葛海燕．中华传统美德的传承和弘扬［J］．理论学习，2015（08）：30－33．

［9］李强．打造高素质教师队伍保障培养德智体美劳全面发展社会主义接班人［J］．中国农村教育，2018（17）：46－47．

［10］高杉．孔繁森［M］北京：中央文献出版社，2017．

［11］马克思恩格斯选集：第一卷［M］．北京：人民出版社，1995：73．

［12］任志安．互联网时代高校课堂管理供给侧结构性改革研究［J］．合肥工业大学学报（社会科学版），2018，32（06）：119－125．

（尹莉、岳增刚，聊城职业技术学院）

# 后 记

在全国上下学习宣传贯彻党的二十大精神的浓浓氛围中，在大家的热切期待中，《新时代孔繁森精神研究》一书与读者见面了。

习近平总书记对孔繁森同志和孔繁森精神高度重视，先后五次做了重要论述。2021 年 9 月，党中央批准了中央宣传部梳理的第一批纳入中国共产党人精神谱系的伟大精神，孔繁森精神名列其中。

聊城是孔繁森同志的家乡，是孔繁森精神的重要孕育地、发祥地、实践地。在新时代，深入研究弘扬孔繁森精神，不断推动其创造性转化、创新性发展，意义重大，聊城社会科学界责无旁贷。

鉴于此，聊城市社科联按照聊城市社会科学界第三次代表大会的工作部署，坚持以习近平新时代中国特色社会主义思想为指导，团结带领全市社会科学界持续研究弘扬孔繁森精神：

——坚持在聊城市哲学社会科学规划课题中设立“孔繁森精神研究”专项；

——联合市委宣传部等组织举办孔繁森精神理论研讨会、座谈会等；

——联合孔繁森同志母校聊城市技师学院成功将“孔繁森精神研究专项”列入 2021 年度和 2022 年度山东省人文社会科学课题，面向全省推进新时代孔繁森精神研究；

——把孔繁森精神研究机构建设列入全市社会科学重点研究基地建设的重要内容，全市组建了 5 家孔繁森精神研究机构，形成了一支专门研究力量；

……

# 后／记

经过持续不解努力，聊城社会科学界在孔繁森精神研究方面已经取得了丰硕成果，一批学术论文先后在各专业期刊和重点网站发表，在全省全国反响良好。本书中收录的内容，即是从近几年聊城市社科联征集到的学术论文和课题结项成果中选摘的。这样做的目的是：对近几年来在孔繁森精神研究方面的成果进行系统整理，持续推动学术交流，着力打造全国孔繁森精神研究高地，不断把孔繁森精神研究引向深入，为提升聊城文化软实力、实现中华民族伟大复兴增强精神力量。

在本书编辑出版过程中，济南出版社给予了大力支持，在此表示衷心感谢。同时，由于水平有限，本书难免存在错误和不足，敬请广大读者给予批评指正（邮箱：skl@ lc. shandong. cn）。

编者

2022 年 12 月